meier + associés architectes

78 De aedibus

meier + associés architectes

Quart Verlag Luzern

meier + associés architectes
78. Band der Reihe De aedibus / Volume 78 of the series De aedibus

Herausgeber / Edited by: Heinz Wirz, Luzern
Konzept / Concept: Heinz Wirz; meier + associés architectes, Genf
Projektleitung / Project management: Quart Verlag, Antonia Chavez-Wirz
Textbeiträge / Articles by: Renato Salvi, Sitten; Caspar Schärer, Zürich;
Christoph Wieser, Zürich; Philippe Meier, Genf
Projekttexte / Project descriptions: Philippe Meier, meier + associés architectes
Vorwort / Foreword: Heinz Wirz
Textlektorat Deutsch / German text editing: Eva Dewes, Saarbrücken
Textlektorat Französisch / French text editing: Philippe Meier, Ariane Poncet
Übersetzung Französisch–Deutsch / French–German translation: Eva Dewes, Saarbrücken
Übersetzung Französisch–Englisch / French–English translation: NTL Il Nuovo
Traduttore Letterario, Florenz
Übersetzung Deutsch–Englisch / German–English translation: Benjamin Liebelt, Berlin
Textlektorat Englisch / English proofreading: Benjamin Liebelt, Berlin
Fotos / Photos: Yves André, Vaumarcus; ausser / except: Federal Studio, Genf S. / p. 120; Bettina Jacot Descombes, Musée d'art et d'histoire, Ville de Genève S. / p. 32 m.; Thomas Jantscher, Colombier S. / p. 115 n. 11; Didier Jordan, Genf S. / p. 115 n. 5; Gustave Klemm, archives Thierry Reverdin, Genf S. / p. 73 o.; Gustave Klemm, Documentation photographique Ville de Genève S. / p. 74; Jean-Michel Landecy, Genf S. / p. 115 n. 6/8/9/10/15, 117 n. 17; maa, Martin Jaques, Genf S. / p. 34 o., 50, 53–55, 65, 66 o.; maa, Philippe Meier, Genf S. / p. 68, 70 o., 71 o., 73 u., 115 n. 1/2/3; maa, Arnaud Mottet, Genf S. / p. 117 n. 16/25; maa, Ana Inès Pepermans, Genf S. / p. 72 u.; Johannes Marburg, Genf S. / p. 117 n. 28; Claudio Merlini, Genf S. / p. 115 n. 4/7; Laurent Miranda, Genf S. / p. 66 u.; Georges Neri, Documentation photographique Ville de Genève S. / p. 72 o.; Jean-Marc Palisse, Paris S. / p. 32 u.
Modelle / Models: Thierry Reverdin, Genf S. / p. 99–102, 106, 110, 115 n. 1/2, 117 n. 16
Visualisierungen / Graphics: Filippo Bolognese, Como S. / p. 117 n. 24; imagine we create, Matosinhos S. / p. 33, 103, 105, 108, 111, 117 n. 22/23/26/27; Thomas Sponti, Genf S. / p. 117 n. 19
Grafische Umsetzung / Graphic design: Quart Verlag, Antonia Chavez-Wirz
Lithos: Printeria, Luzern
Druck / Printing: Printer Trento S.R.L., Trento I

ISBN 978-3-03761-170-8

Également publié en allemand/français / Ebenfalls publiziert
in Deutsch/Französisch: ISBN 978-3-03761-171-5

Quart Verlag GmbH
Denkmalstrasse 2, CH-6006 Luzern
books@quart.ch, www.quart.ch

De aedibus 78 – Notat

Heinz Wirz

Vor uns breitet sich ein Teil eines bemerkenswerten Werks aus, das im Lauf von 30 Jahren kontinuierlich gewachsen ist. Drei Jahre nach dem Architekturdiplom an der EPF Lausanne lieferte der Genfer Philippe Meier die ersten Wettbewerbsentwürfe ab und war gleichzeitig Assistent bei Patrick Mestelan an der EPF Lausanne. 1998 gründete er – zusammen mit Ariane Poncet, sie diplomierte 1993 noch an der damaligen Architekturschule der Universität Genf – das Büro *meier + associés architectes*. Seither ist Philippe Meier noch verschiedentlich in der Lehre tätig, ausserdem verfasst er immer wieder Texte zur Moderne und zur zeitgenössischen Architektur. So treffen in ihm gleichsam das Nachdenken, die Welt der Reflexion mit der Welt des «Machens» wunderbar zusammen.

Die über 50 realisierten Bauten sind hauptsächlich zwischen Genf und Sion angesiedelt, was schliesslich Caspar Schärer zu einer Art reisender Architekturkritik inspiriert, in der leichtfüssig Nachdenken, Betrachten, sich Erinnern abwechselnd aufscheinen und beflügelt werden durch die Bewegung und den Ortswechsel. In der Tat vermag diese Reisebeschreibung einige Rosinen des architektonischen Werks aufzudecken und festzuhalten. Die einzelnen Bauten unterliegen nicht einem durchgängigen Formenkanon, sie sind aber auch nicht nur aus der Nutzung, aus dem Ort, aus der Umgebung oder aufgrund anderer spezifischer Bedingungen entwickelt. Jeder Bau ist gleichsam eine kleine Erfindung, ein Experiment für sich und erfährt oft weitergehende Inspiration. Die Brücke über die Rhone ist nicht allein das Resultat statischer Optimierungen oder formaler Entscheidungen. So präsent und selbstbestimmt sie in der weiten Flusslandschaft liegt, gleicht sie eher einem Objekt der Landart. Ähnlich auch das *Centre de contrôle autoroutier*, das als ausgeprägt flache Figur entworfen ist und so im riesengrossen geteerten Parkfeld geradezu verschwindet. Das Gebäude selbst ist überaus logisch konstruiert, die grosse Halle wirkt in ihrer Grau-in-Grau-Ausstrahlung sowie dem einheitlichen Wand- und Deckenmaterial bescheiden, und dennoch beeindruckt dieser minimalistische Raum. Es gäbe hier noch weitere Bauten anzuführen, die in ihrer Ausprägung eine gewisse Nähe zur Kunst manifestieren. Es zeigt sich bei *meier + associés architectes* immer, dass die Architektur und ihr Ausdruck nicht begrenzt sind, sondern oft unvorhergesehene und ungeahnte Möglichkeiten offenhalten.

Luzern, im Juni 2019

De aedibus 78 – Notat

Heinz Wirz

This volume presents part of a remarkable oeuvre that has continuously grown over the last 30 years. Three years after graduating in Architecture at the EPF Lausanne, the Genevese Philippe Meier submitted his first competition entries and also worked as an Assistant to Patrick Mestelan at the EPF Lausanne. In 1998, he joined forces with Ariane Poncet, who had graduated from the Architecture School at the University of Geneva in 1993, to form *meier + associés architectes*. Since then, Philippe Meier has continued to work in various teaching positions and written many texts on Modern and contemporary architecture. In this way, he impressively combines the world of reflection with the world of "doing".

A majority of their over 50 constructed buildings are located between Geneva and Sion, which has inspired Caspar Scherer to embark on a kind of travelling architectural criticism, in which fleet-footed consideration, observation and recollection alternate, inspired by the movement and change of locations. Indeed, this descriptive journey is able to reveal and capture a number of gems in the office's architectural oeuvre. The individual buildings are not subjected to a consistent formal canon, nor are they purely developed out of the use, location, environment and other specific conditions. Each building is like a miniature invention, an experiment in itself, often inspired by some additional aspect. The bridge over the River Rhône is not only the result of static optimisation or formal decisions. Its presence and confidence in the fluvial landscape makes it resemble a Land Art object. The *Centre de contrôle autoroutier* is a similar case, designed as an extensive, flat figure, thereby almost disappearing into the enormous tarmac parkland. The building itself is constructed in an extremely logical way, while the minimalism of the large hall with its grey expression and the uniform wall and ceiling material achieve a modest, yet impressive effect. Other buildings could also be mentioned in this respect, which use their character to manifest a certain nearness to art. It is always evident in projects by *meier + associés architectes* that the architecture and its expression are not limited, instead incorporating often unforeseen and unexpected potential.

Lucerne, June 2019

Lobpreis des Gleichgewichts

Renato Salvi

Architekt zu sein bedeutet, einer zunehmend «entrealisierten, enträumlichten»[1] Welt Gestalt zu verleihen, wobei die Suche nach Gleichgewicht zwischen dem Pragmatismus der Entscheidungsträger und der Seite tiefer Überzeugung als Rückhalt für die beherrschende Idee dient.

Architekt zu sein bedeutet die Fähigkeit, die Kenntnisse zu bündeln, nachdem man die vielen Zwänge und die zur Ausarbeitung des Entwurfs notwendigen Gegebenheiten zusammengestellt hat, vom Querschnitt auszugehen, dem für die Arbeit des Ingenieurs wesentlichen technischen Mittel, um ein spannungsgeladenes Werk zu schaffen, das durch die Wahl schräger schwarzer Stützen vom Boden losgelöst scheint, den Verlauf der Sonne in ein Spiel von Schatten auf seinen ondulierten Fassaden einzubeziehen, es zu wagen, die Farbe Rot als äusserste Bekräftigung bei diesem geometrisch und statisch strengen Objekt einzusetzen, um es um wahrsten Sinne des Wortes in den Rang eines Kunstwerks zu heben, es durch die Farbgebung seiner Materialität einzuprägen, damit es die Zeit nicht auslöscht.

Architekt zu sein bedeutet, ein Mögliches zu ersinnen und die Veränderungen, die es erzeugen, zu akzeptieren und dabei eine kritische Haltung zu bewahren in dem Wissen, dass das ganze realisierte Projekt bereits sein eigenes Verschwinden beinhaltet. Die Mediathek ist hierfür ein signifikatives Beispiel. Ehemals allein als Armeedepot genutzt, ist sie nun zu einem Treffpunkt, zu einem Raum für mannigfaltige Kulturprogramme, zu einem Forschungs- und Lebensort geworden, eine Bibliothek, wo die Nähe zu den Büchern sinnlich bleibt, ein Ort der Ruhe, um auf «bekanntem Terrain» neue Kräfte zu sammeln und über die äusseren Schwierigkeiten nachzudenken. Eine komplette Metamorphose, grosszügig und heiter, erweitert um das neue zentrale Verbindungsgebäude, das dem Ensemble einen zusätzlichen Zusammenhalt verleiht. Doch was passiert morgen? Werden die Nachfolger in der Lage sein, das Bauwerk wie zur Zeit seiner Erbauung in der Renaissance zu ergänzen, ohne einen stilistischen Bruch herbeizuführen, wie der in diesem Stadium bereits erprobte Anbau, den man durchaus nicht als schicksalshaft erlebt?

Architekt zu sein bedeutet, Gemeinschaftsräumen den Vorzug zu geben, damit jeder auf den anderen zugehen kann. Aus wirtschaftlichen Gründen bittet man uns häufig, diesen jedoch wesentlichen

[1] Paul Virilio, Urbaniste et philosophe. In: Le Monde, 21. September 2018, S. 13.

In praise of equilibrium

Renato Salvi

Being an architect means giving form to a world that is more and more "derealized [and] despatialized",[1] where the search for an equilibrium between the pragmatisms of decision makers and deep conviction serves to support the guiding idea.

Being an architect means being able to focus on one's skills, having assessed the many restrictions and facts required to develop a project, starting from the cross-section, an essential technique for the work of an engineer, to perfect a work that is tense and detached from the ground by means of oblique black pilings, thereby inscribing the path of the sun and the play of shadows projected on the building's undulated surfaces at the apron level; to dare to use red as the final affirmation of this geometrically and statically rigorous object and raise it to the level of a work of art in the primary sense of the word; to inscribe it in its materiality by pigmenting it, so that time will not erase it.

Being an architect means inventing the possible and accepting the mutations it can produce while maintaining a critical attitude, conscious that every completed project already contains its own disappearance. The *Médiathèque* (media centre) is a significant example. Once a depot used exclusively by the army, it has become a meeting place, a cultural centre with a broad-ranging programme, a place for research and life, a library where proximity to the books retains its sensuality, a place of peace for refreshment and reflection on exterior difficulties in a familiar setting. A complete, generous and joyous metamorphosis, amplified by the new central liaison building, offers supplementary cohesion to the overall setting. What will it become in the future? Will future generations be capable, as during the Renaissance period, of completing works without provoking a stylistic rupture, adding to the city in a way that is not experienced like a fatality?

Being an architect means promoting collective spaces so that individuals draw closer to each other. For economic reasons, we often expect this aspect, however important, to be overlooked. In its projects, the meier + associés studio attempts to return this aspect to the centre of our intentions. The corridors of the Raymond Uldry trade school in Geneva are no longer simple paths, but have been transformed into true meeting places, spaces for words that will enable the students to develop their own personalities beyond the educational

[1] Paul Virilio, "Urbaniste et philosophe", *Le Monde*, 21 September 2018, p. 13 [trans.].

Aspekt nicht zu berücksichtigen. Dies wieder in den Mittelpunkt des Interesses und der Zielsetzungen zu rücken, gelingt dem Büro meier + associés architectes bei seinen Realisierungen. Die Korridore der Handelsschule «Raymond Uldry» in Genf sind nicht mehr einfache Gänge, sondern verwandeln sich zu wahrhaften Treffpunkten, in Orte des Austauschs, die den Schülern ausserhalb des Unterrichts, so bereichernd wie dieser auch sein mag, die Ausbildung einer eigenen Persönlichkeit erlauben. Grosszügig und hell, bilden sie die Wirbelsäule des gesamten Gebäudekomplexes.

Architekt zu sein bedeutet, die heutige Herausforderung eines komplexen Lastenheftes herauszustellen, das vor allem eine hohe Besiedlungsdichte, einen festgelegten Bebauungsplan und die Harmonisierung der Formensprache mit anderen Projekten auferlegt. Bei der Ausarbeitung der Typologien, der Grundrisse der Geschäfte und Büros sowie den Ausführungsdetails für den Komplex Cour de Gare in Sitten muss es gelingen, einem Projekt, dessen Dimension von vornherein einschüchternd, um nicht zu sagen abschreckend erscheint, ein humanes Aussehen zu verleihen.

Architekt zu sein bedeutet, den Entschluss zu fassen, sich einer Welt zu widersetzen, in der die Beschleunigung zu einer «Zeitnot»[2] führt und zur Folge hat, dass man einen mangelnden Abstand riskiert und sich nicht mehr die fundamentale Frage stellen kann: Für wen baut man? Trotz dieser neuen gesellschaftlichen Gegebenheit finden meier + associés architectes jedes Mal eine zielgerichtete, neugestaltete, immer massvolle, bedachte und elegante Antwort.
Diese berufsbezogene Gewissenhaftigkeit und dieses unerbittliche Engagement spiegeln die realisierten oder geplanten Bauwerke wider, die die Vergangenheit respektieren, sich der Gegenwart öffnen und der Zukunft erwartungsvoll entgegensehen.

notions they receive, however rich they may be. Generous and enlightening, they constitute the backbone of the complex.

Being an architect means taking up the contemporary challenge of the complex instructions that impose, in particular, high density, a pre-established plan for the quarter and language that harmonizes with the other participants. For the *Cour de Gare* complex in Sion, the elaboration of the typologies, the business plans, the offices and the working drawings must all contribute to giving a project a human face where the dimension could, a priori, seem intimidating or even prohibitive.

Being an architect means taking a stance to oppose a world where acceleration leads to "a famine of time",[2] consequently risking the absence of reaction and the incapacity to ask oneself the fundamental question: why do we build? Despite this new social given, the meier + associés architectural studio contributes a targeted, renewed, yet measured, rational and elegant response every time.
Such professional conscience and unfailing commitment are expressed in the office's erected or designed works, while respecting the past, opening to the present and welcoming the future.

[2] Hartmut Rosa, L'invité. In: Télérama, 29. August 2018, S. 4.

[2] Hartmut Rosa, 'L'invité', *Télérama*, 29 August 2018, p. 4 [trans.].

Villa L, Bernex

Bauherrschaft: privat
Projekt: 2015–2016
Ausführung: 2017–2018
Bauingenieur: Structurame, Genf

Client: private
Project: 2015–2016
Construction: 2017–2018
Structural engineer: Structurame, Geneva

Mitarbeiter / Collaborators:
Clara Caldeira, Arnaud Mottet, Boris Lalev, Adeline Streel, Camille Wetzel

Am Südufer der Rhône in der Gemeinde Bernex am Rand des Genfer Weinanbaugebietes gelegen, präsentiert das Haus zwei Gesichter: Die eine, schmalere Seite erinnert an einen bescheidenen Gartenpalisadenzaun und die zweite, emphatischere Seite verweist auf eine stark ausgeprägte Hangsituation. Der Schnitt zeigt die Gesamtkonzeption des Entwurfs mit einem einzigen Durchbruch auf der Bergseite, der den Eingang anzeigt, und einer einzigen langen Fensterfront auf der Talseite, die sich zur majestätischen Landschaft des Aire-Tals und der *Skyline* des Mont Salève hin öffnet. Ein Betonsockel, der wie ein Kunstwerk anmutet, verankert die Villa in ihrem Hanggrundstück und trägt einen Baukörper aus Lärchenholz, der beinahe wie ein *Piano Nobile* im Zustand der Schwerelosigkeit wirkt, wenn man ihn vom tiefer gelegenen Teil der Parzelle betrachtet.
Die Geometrie des Grundrisses geht mit den strengen Grenzen des Grundstücks einher, dessen Hanglage auch zum Kompositionsthema des Entwurfes avanciert. Auf diesem fast unwirtlichen Gelände bildet die einzige Horizontale das Wohnhaus, was der Vorstellung, diesen besonderen Ort zu bewohnen, erst einen Sinn verleiht. In Anlehnung an ein langes Möbel entfaltet der Entwurf seine Funktionen, formuliert seine Räume und passt seinen Zweck durch ein System mit Schiebetüren an, welches die Lebensweise neu bestimmt.
Die offene Struktur der Villa ermöglicht eine spätere Erweiterung durch die Einbeziehung des grossen überdachten Raumes nach dem Prinzip eines Wintergartens. Das Bild der vertikalen Holzfassadenverkleidung sorgt für die Eingliederung des kleinen Baukörpers in seine waldreiche Umgebung, indem das zufällige Vibrieren der Falzleisten das durch die Launen des Windes ausgelöste Zittern der Äste widerzuhallen scheint.

Villa L, Bernex

Built on the south riverbank of the municipality of Bernex, on the edge of the wine-producing countryside outside Geneva, this house has two faces: the first one, of small scale, evokes a modest garden fence, while the second, grander one, reveals the steeply inclined setting. The project's overarching concept emerges from a cross-section: the upper side features a single opening, signalling the entrance; the lower side features a single long window opening out onto the majestic landscape of the Aire plain and the skyline of Mont Salève. A concrete base conjuring a bridge anchors the villa to its sloping land and bears a larch structure, appearing as a nearly weightless piano *nobile* from the lower side of the plot.
The geometry of the plan accompanies the tight limits of the property, the slope of which is also the theme of the project's composition. On this almost inhospitable land, the only horizontal line is that provided by the home, making sense of the idea of living just here. Against a central axis, the project lays out its functions, articulates its spaces and accommodates it use through a system of sliding doors that orientate the living areas.
The villa's open structure leaves the door open to a future extension, with the large covered space filled in principle by a winter garden. The design of the wooden vertical cladding places the small structure into its wooded environment by creating an echo between the varied vibration of the trim and the swaying of branches in the wind.

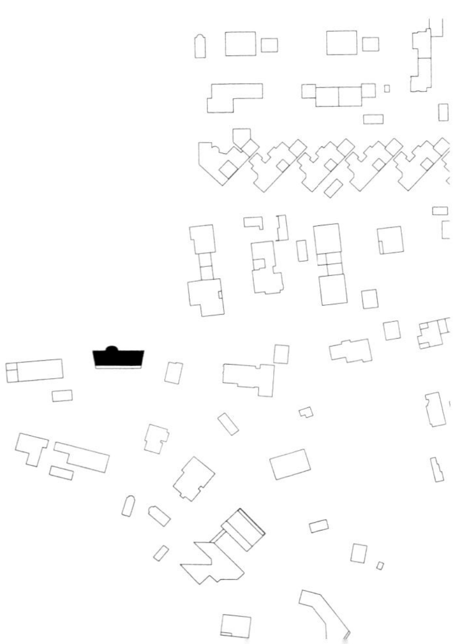

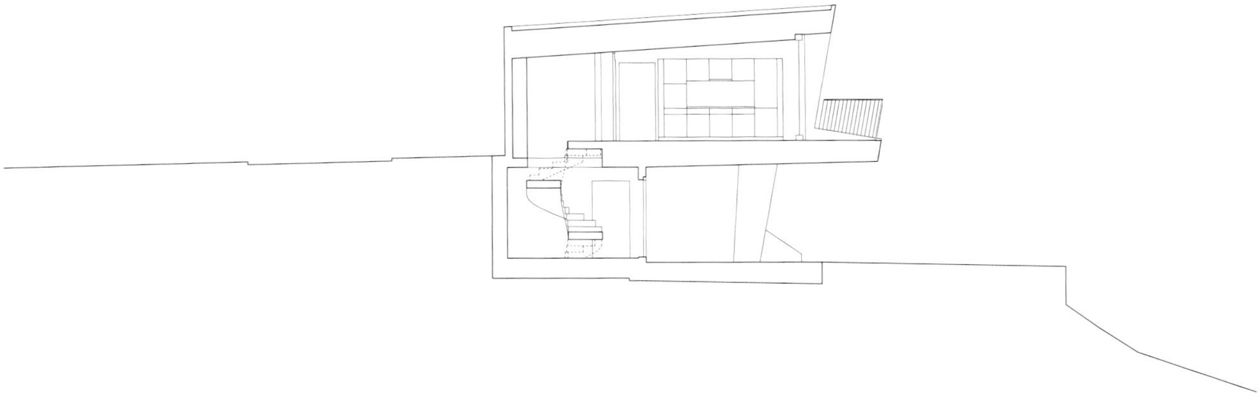

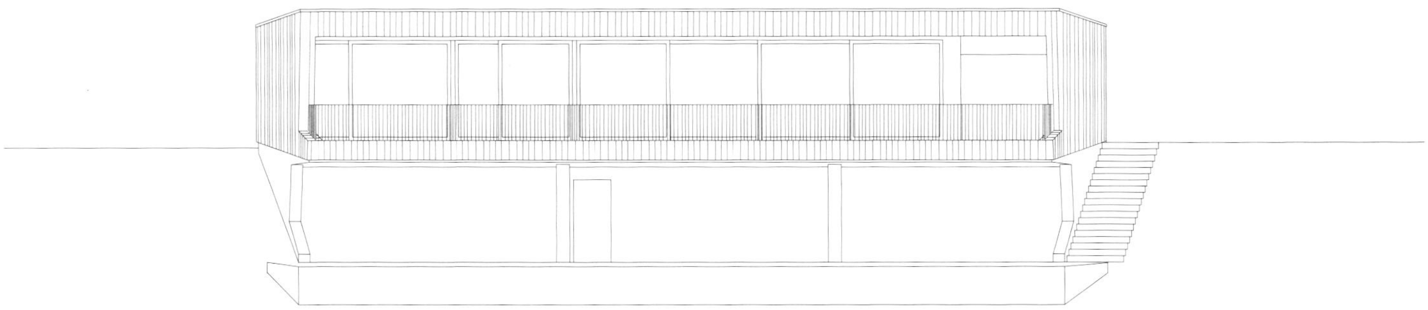

5 m

Wettbewerb: 2013, 1. Preis
Bauherrschaft: privat
Projekt: 2013–2014
Ausführung: 2015–2017
Bauingenieur: ab ingénieurs, Genf

Competition: 2013, 1st Prize
Client: private
Project: 2013–2014
Construction: 2015–2017
Structural engineer: ab ingénieurs, Geneva

Mitarbeiter / Collaborators:
Teresa Blanco, Laurence Boyé, Arnaud Mottet, Joao Pontes, Rafael Eloi, Marta Alpuim

Mehrfamilienhaus auf dem Land, Presinge

Das Gebäude befindet sich auf der Lichtung eines Waldgürtels am Hang einer leicht abfallenden Wiese, die als Weideland für Pferde dient. Die *sternförmige* Komposition sowie die ausgeprägte und kompakte Volumetrie lassen eine unmittelbare Nähe zu der qualitätsvollen begrünten Umgebung entstehen. Der Zugang zu den Wohnungen erfolgt über einen Privatweg, an dessen Seite sich auch eine unauffällige Zufahrtsrampe zu dem unterirdischen Parkhaus befindet, die zu den Mäuerchen gehört, welche den Bau in seinem landschaftlichen Umfeld umgeben.

Die Anlage umfasst zwölf Wohnungen mit jeweils zwei oder drei Zimmern, von denen jede mit einer Eckloggia ausgestattet ist, so dass ein Maximum an Sonnenlicht eingefangen werden kann. Die Wohnungen im Erdgeschoss gehen in einen halbprivaten Garten über, wo Obstbäume angepflanzt sind. Die vier Wohnungen auf jeder Ebene sind über einen zentralen Erschliessungsraum zugänglich, in den durch eine Lichtkuppel und eine Öffnung an der Westfassade Tageslicht eindringen kann.

Durch die Ausrichtung der Wohnungen nach jeweils zwei Seiten entsteht ein Eingangsbereich, der das Bindeglied zwischen dem Wohn- und dem Schlafbereich darstellt. Als Endpunkt der inneren Wegführung präsentiert sich das Wohnzimmer als grosszügiger, heller Raum, der sich um die Loggia herum entwickelt.

An diesem von grosser Poesie durchdrungenen Ort kommt der materiellen Ausstattung des Objekts besondere Bedeutung zu. Der Ausdruck ist schlicht und zugleich selbstbewusst und befindet sich in einer Symbiose mit der waldreichen Landschaft sowie in Harmonie mit dem ehemaligen Bürgerhaus des Gebietes von La Louvière, das heute als Altenwohnheim dient. Die Fassaden sind aus gefärbtem Beton, der in eine traditionelle Verschalung aus schmalen Brettern gegossen wurde, die sich in dem mineralischen Charakter der Verkleidung ausprägen. Die grossen regelmässigen Öffnungen sind mit Fensterrahmen aus Natureichenholz versehen, die symbolisch auf den kleinen, das Grundstück umgebenden Wald verweisen.

Apartment building in the countryside, Presinge

The project is located in a hollow at the edge of a wooded area, which slopes gently upwards toward a pasture where horses graze. The star-shaped composition and compact, articulated volume enhances the proximity to the superb surrounding greenery. Access to the apartments is via a private road along which a ramp is installed leading to the underground parking area, part of an ensemble of low walls extending the structure into its surrounding landscapes.

The building contains 12 apartments of two or three bedrooms, each with a corner loggia allowing maximum sunlight. The ground floor apartments extend into a semi-private garden with fruit trees. On each level, the four apartments are accessed via a central distribution space, bringing natural light through a light shaft and an opening on the west façade.

The layouts featuring double orientation have an entrance hall that acts as an articulation between the daytime and night zones. The interior space ends with a bright, spacious living room that wraps around the loggia.

In this place of great poetry, the material aspect of the volume takes on an important role. The expression is at once simple and strong, in symbiosis with the wooded landscape and in harmony with the old bourgeois home of the Louvière estate, today transformed into a nursing home. The façades are constructed in coloured cast concrete with traditional formwork made of tight planks that are impressed on the stone appearance of the exterior. The large regular openings feature natural oak joinery that symbolically reflects the small surrounding forest.

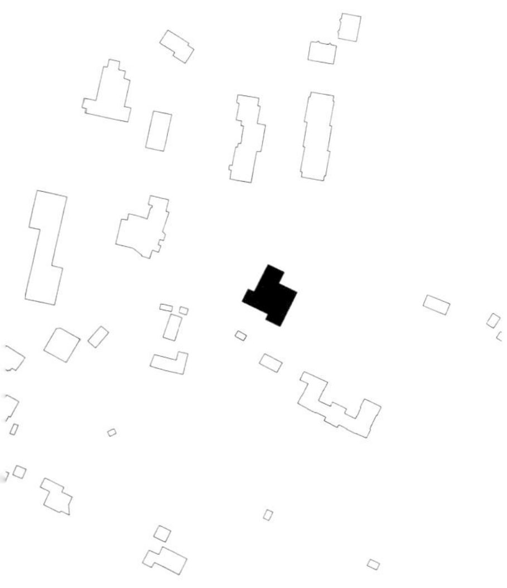

5 m

Rhone-Brücke, Les Evouettes

Bridge over the Rhône, Les Evouettes

Wettbewerb: 2006, 1. Preis
Bauherrschaft: Kanton Waadt, Kanton Wallis
Projekt: 2006–2008
Ausführung: 2009–2012
Bauingenieur: Conus & Bignens, Lausanne

Competition: 2006, 1st Prize
Client: Canton of Vaud, Canton of Valais
Project: 2006–2008
Construction: 2009–2012
Structural engineer: Conus & Bignens, Lausanne

Mitarbeiter / Collaborators:
Ana-Inès Pepermans, Jean-Baptiste Lamballe, Jean-Christophe Mathen, Raphaël Niogret, Linda Serra

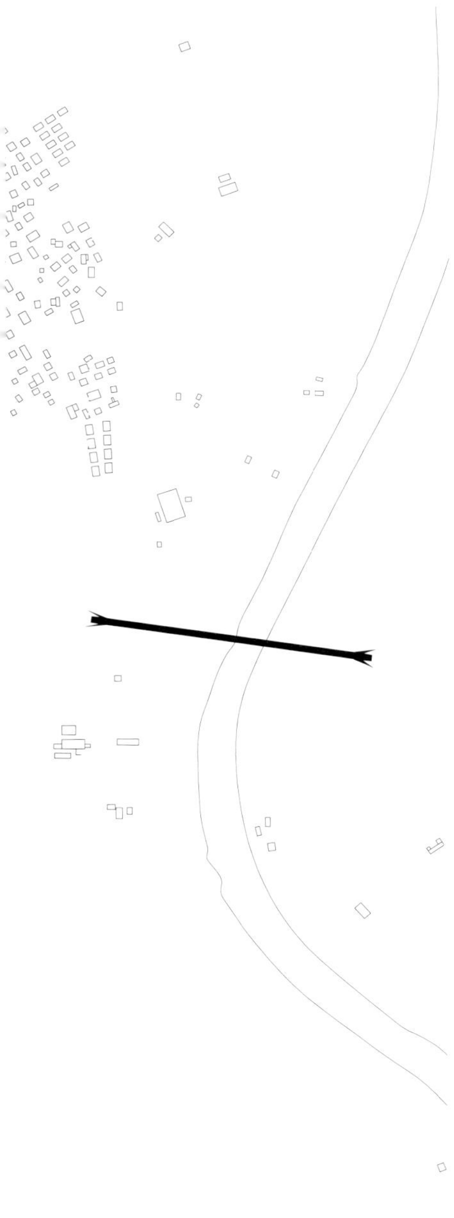

Die Trasse der Kantonsstrasse H144, die das französische Ufer des Genfer Sees mit der Autobahn A9 verbindet und das Ergebnis von mehr als 20 Jahre andauernden Studien und Verhandlungen ist, umfasst vier Kunstwerke, darunter auch die Brücke, die die Rhone an einem Ort namens Les Evouettes überspannt. Dort, wo das Schwemmland des Chablais horizontal auf den grossen See trifft, stellt die Errichtung einer 450 Meter langen Brücke einen markanten Eingriff dar, der fast mit dem Begriff *Land Art* gleichzusetzen ist. Diese grosse, einige Meter über einem heterogenen Grund errichtete Horizontalarchitektur interagiert auf eindrucksvolle Weise mit ihrer Umgebung, die aus Feldern und Böschungen, einer Strasse und einer Eisenbahntrasse, aber auch dem Stockalperkanal und dem Alpenfluss besteht. Aus gefärbtem Beton gefertigt, bildet sie eine *rote Linie* in der Landschaft.

Dank der einheitlichen Form, welche die Verteilung der statischen Kräfte zum Ausdruck bringt, kann das unregelmässige Terrain genau geplant durch eine schrittweise Vergrösserung der Spannweite überspannt werden. Der Übergang über die Rhone wird so in diese mathematische Logik einbezogen, die auf einem Prinzip harmonischer Kurven basiert, bei dem der höchste Kraftaufwand natürlich in der Geschlossenheit des Kunstwerks aufgeht.

Die Plastizität der facettierten Fahrbahnunterplatte antwortet auf die von dem Bauingenieur berechnete Momentenkurve. Aus statischer Sicht ist das Bauwerk wie eine Schale konzipiert, welche die Kräfteverteilung zum Ausdruck bringt und dabei das Licht auf besondere Weise einsetzt. Die vertikalen Stützen folgen einem ähnlichen Prinzip und sind v-förmig angeordnet, wobei sich ihre geknickte Form wiederholt und ebenfalls progressiv fortschreitet. Die beiden Widerlager schliesslich, welche die Verankerung der Brücke im Boden markieren, zeigen eine Umkehr des Materials, auf dem die Brückendecke ruht.

The fruit of over twenty years of studies and negotiations, the route of cantonal road H144, connecting the French bank of Lake Geneva to highway A9, counts four engineering structures, including the one crossing the Rhône in the locality of Les Evouettes. At this site, where the alluvial landscapes of Chablais meet the horizontality of the great lake, the installation of a 450-metre bridge is a strong statement that could alsmost be described as land art. Standing a few metres from the heterogeneous ground surface, this great horizontal architecture strikingly interacts with the environment, including fields and embankments, a road and a railway track, the Stockalper canal and an Alpine river. The bridge was built using coloured concrete that strikes a red line through the territory.

This unity of form, reflecting the distribution of different static loads, allows irregularities in the terrain to be bridged logically, by progressively increasing its span. The crossing of the Rhône is thus integrated into this mathematical logic, based on the principle of harmonic curves, in which the maximum load merges naturally into the cohesion of the structure.

The roadway's bevelled facets reflect the curve of moments calculated by the civil engineer. In static terms, the structure is designed as a shell reflecting the different loads by catching the light in a distinct way. The supporting piles adopt a similar principle, with their V-shaped design and a folded form that is both repetitive and progressive. Lastly, the form of the two abutments that mark the bridge's anchorage points features a reversal of the material upon which the roadway is set.

25 m

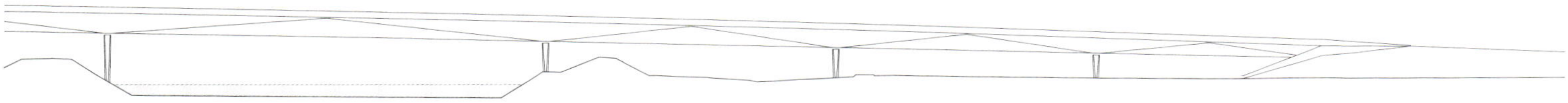

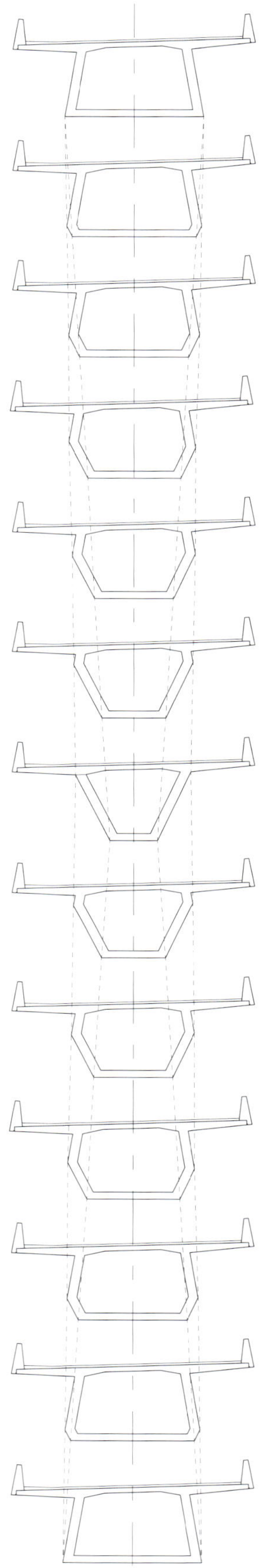

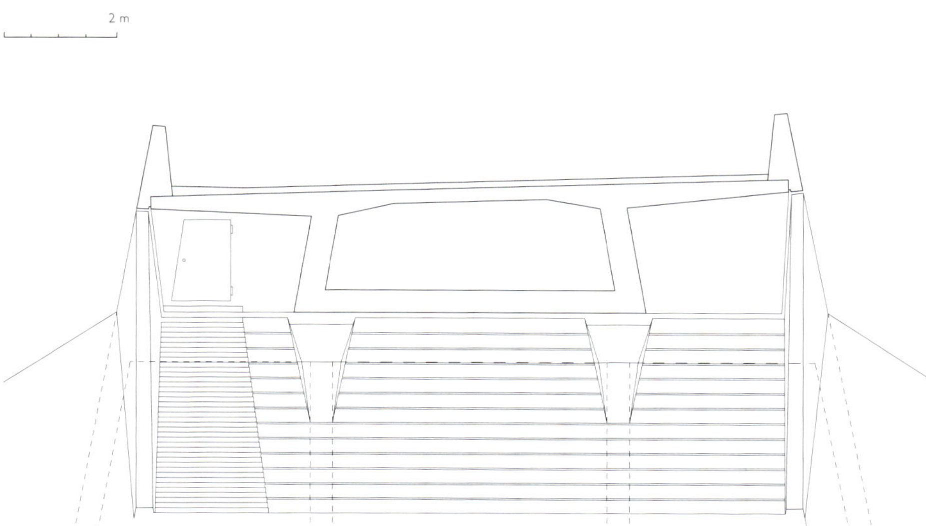
2 m

Autobahnkontrollzentrum, Saint-Maurice

Motorway control centre, Saint-Maurice

Wettbewerb: 2007–2008, 1. Preis
Bauherrschaft: Kanton Wallis, ASTRA
Projekt: 2008–2009
Ausführung: 2009–2011
Ausführungsleitung (2011): Architech, Genf
Bauingenieur: Conus & Bignens, Lausanne
Kunst am Bau: Renate Buser, Basel

Competition: 2007–2008, 1st Prize
Client: Canton of Valais, FEDRO
Project: 2008–2009
Construction: 2009–2011
Building management (2011): Architech, Geneva
Structural engineer: Conus & Bignens, Lausanne
Art in architecture: Renate Buser, Basel

Mitarbeiter / Collaborators:
Ludovic Durand, Victor Ferreira, Linda Serra, Guillaume Boussemart, Amalia Jimenez, Julio Lopez, Catherine Martinie, Nicolas Pailler, Joana Pimenta, Michael Schaub, Jean-Philippe Tournigand-Demilly

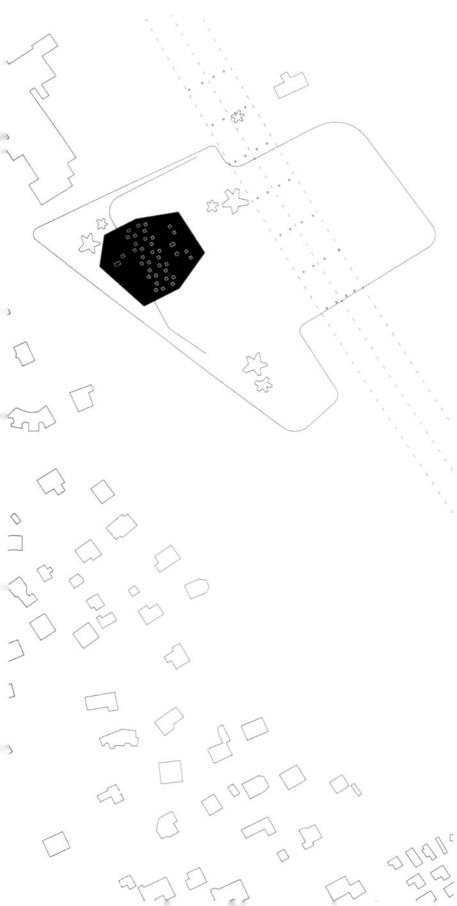

Das an der Abfahrt der Autobahn A9 gelegene «Kompetenzzentrum für Lastkraftwagen und PKW» (CCRV = Centre de compétence pour poids lourds et véhicules) ist ein Mehrzweckgebäude. In seinem Inneren befindet sich eine grosse durchgehende Halle zur periodischen Kontrolle von Schwer- und Leichtkraftfahrzeugen, an die sich seitlich ein Empfangsbereich für Kunden sowie die Verwaltungsbüros anschliessen. Auf der anderen Seite liegen die Räume für das Personal, das die Konformität der Lastwagen überprüft, die im Autobahnnetz des Wallis unterwegs sind, sowie eine regionale Polizeidienststelle.
Angesichts dieser Anforderung und als Reaktion auf den gleichzeitig auf dem Gelände existierenden komplexen Strassenverkehr ist die gewählte Lösung vor allem ein *Bodenprojekt*: eine Asphaltplatte, die den künstlichen Charakter des Eingriffs in die Landschaft bestätigt. Die Gebäudeform wird ebenso von den Grundstücksgrenzen wie auch von seiner Hauptfunktion bestimmt, die aus einem Parkplatz für mehr als 100 Fahrzeuge besteht, für den Fall, dass die Alpenpässe wegen schlechten Witterungsbedingungen geschlossen sind.
Diese Plattform fügt sich behutsam in die Topografie ein und enthüllt deren Natur durch einige Knicke in der Oberfläche. In der Mitte der Fläche zerschneiden einige «Blumen» den Asphalt, um Elemente der Natur einzuführen, die auch zum Versickern von Meteoritenwasser dienen. Das polygonale Gebäude präsentiert sich in dieser Gesteinswelt wie eine riesige «Blüte aus Metall und Glas», deren Dach mit einer vegetabilen Schicht überzogen ist.
Der Schnitt durch das Gelände zeigt einen Höhenunterschied zwischen den beiden Teilen des Grundstücks, den der Entwurf seinerseits durch die Aufteilung in unterschiedliche Funktionsbereiche wiederaufnimmt. Die imposante Struktur aus grossen zusammengeschweissten Stahlstützen ermöglicht die Überdachung des Komplexes in Art eines *Blätterdachs*, das weit auskragt und so den überprüften Lastwagen Schutz bietet. Das verwendete Material beschränkt sich auf Metall: Die Aussenfassaden sind mit einer Hülle aus galvanisiertem Blech versehen, während die Innenseiten Metallkassetten aufweisen, die den Industriecharakter des Baus betonen.

Located off the A9 motorway, the "Competence Centre for Light and Heavy Vehicles" (CCRV = Centre de compétence pour poids lourds et véhicules) has a wide range of functions. Through its heart runs a large hall devoted to periodical inspections of heavy and light vehicles, with the customer reception area and administrative offices located at the side. The other side houses staff responsible for checking trucks using the Valais motorway network, as well as accommodating a regional police station.
Given this demand and in response to the constraint of compound circulation linked to the site's various activities, the result is above all a "ground project": a plate of asphalt clearly defines the artificial nature of the intervention within the landscape. Its shape is dictated by both the territorial boundaries and its primary function as a car park for over one hundred vehicles, in the event of forced storage due to bad weather conditions in the Alps.
This platform fits harmoniously into the landscape, revealed through a few surface folds. At its heart, several "flowers" dot the asphalt, bringing in natural elements and acting as surface water soakaways. The polygonal building is placed delicately onto this mineral plate like a giant "metal and glass petal" with roofing covered with a thin vegetal overlay.
The territorial section highlights a difference in the levels of the site's two available parts, which the project tackles in developing the programmatic division. The imposing structure, shaped by large composite wrought steel beams, allows a canopy-like covering of the whole and provides a vast cantilever to protect the trucks during their inspection. The materials are almost entirely metallic: exterior façades are treated with a galvanised expanded sheet-metal skin, while the interior façades feature metal cassettes, highlighting the building's industrial nature.

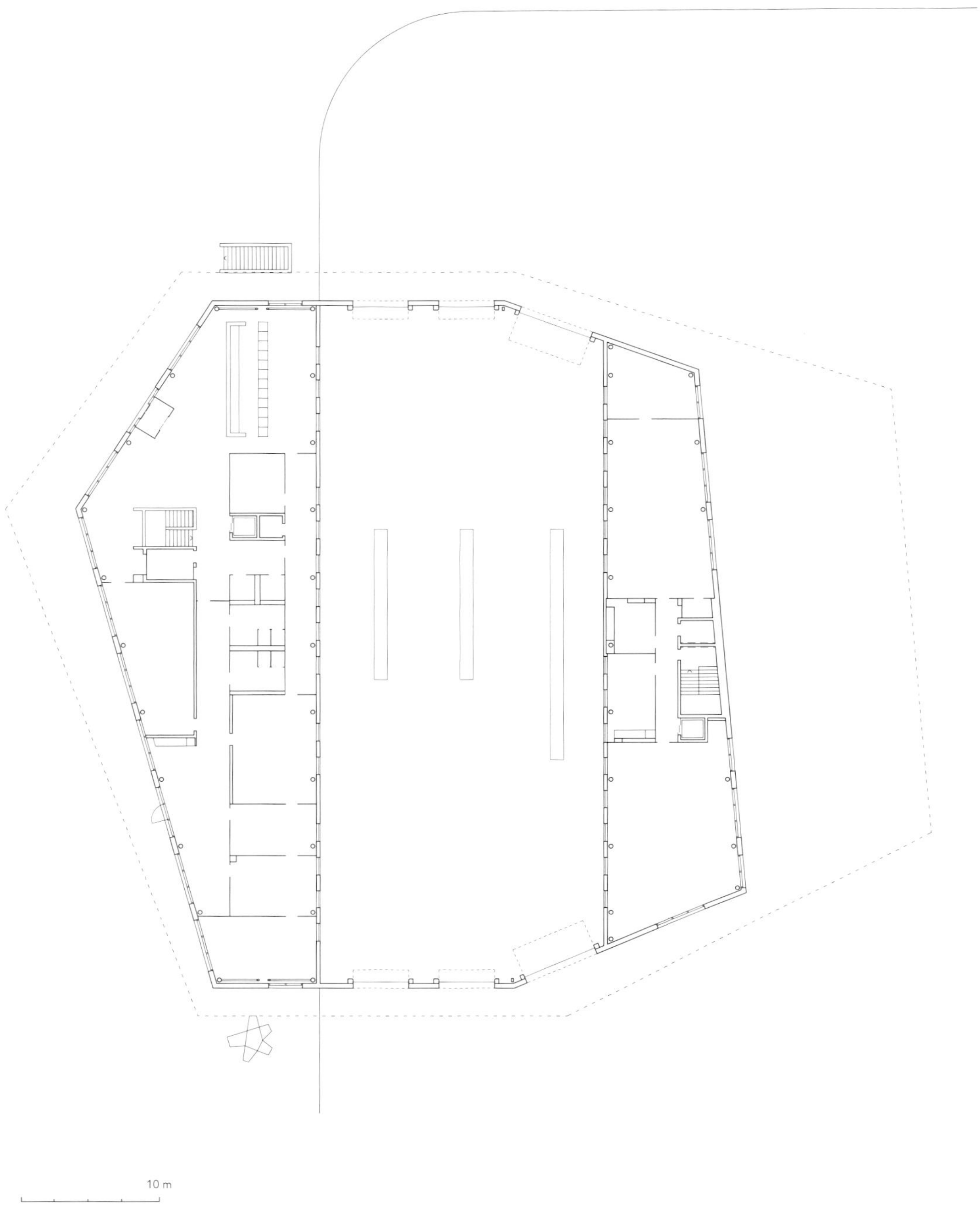
10 m

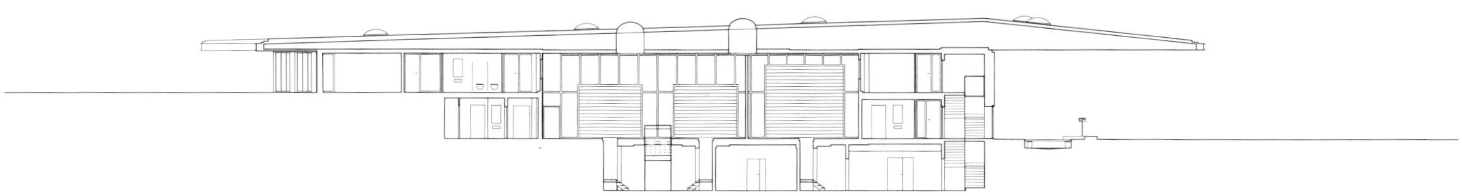

Architektur, Landschaft und Urbanität

Eine Reise zu sieben Projekten von maa
Caspar Schärer

Sion, Bahnhofsplatz, früher Montagmorgen: Ich bin mit Philippe Meier zu einer Tour verabredet, die uns durch drei Kantone bis an die Grenze zu Frankreich führen wird. Auf der Spur seiner jüngsten Bauten und Projekte nehmen wir den Weg talabwärts den Lauf der Rhone entlang. Wir werden unterwegs vieles zu sehen bekommen – und vieles auch nicht, obwohl wir quasi durch «maa-Land» fahren. Ein kurzer Blick auf die Webseite des Büros zeigt auf einer Landkarte, wie sich zwischen Genf und Sitten die Interventionen von meier + associés architectes konzentrieren.[1] Ein bedeutender Teil der über 400 Projekte des Büros befindet sich in dieser mehr oder weniger durchgehend urbanisierten Zone. Die Vermutung liegt nahe, dass diese auffällige Ballung das Abbild einer grösseren demografischen und ökonomischen Entwicklung ist. Tatsächlich gehören die Genferseeregion, das Chablais und das Unterwallis zu den dynamischsten Regionen Mitteleuropas.

Raus aus der Zitadelle

Es ist eine Fahrt durch eine besondere Schweizer Landschaft. Durch ein tief eingeschnittenes Tal werden wir uns zum Rhone-Knie bewegen, dann die enge Schlucht bei Saint-Maurice durchstossen, hinausfliegen in das helle Land an den Ufern des Genfersees und schliesslich beim Jet d'Eau und einem kleinen Dorf am Fuss der Pointe de Brantaz landen. Am unteren Ende des Genfersees vereinigen sich Alpen und Jura – oder aber es trennen sich hier die beiden Gebirgszüge, von Westen her betrachtet, auf und bewegen sich in eigenen Bögen nach Osten. Der eine endet bei Zürich, der andere bei Wien. Zwischen ihnen erstreckt sich das Mittelland, dieses Kernland der Schweiz, in dem die grosse Mehrheit der Schweizerinnen und Schweizer lebt und arbeitet. Das Genfer Becken bildet in diesem Zusammenhang je nach Perspektive Auftakt oder Endpunkt eines urbanen Raums, der – mit einigen Zäsuren – durchgehend bis an den Bodensee reicht.

Diese landschaftliche und zugleich stadtgeografische Konstellation darf nicht unterschätzt werden: Sie prägt die Menschen, die dort siedeln, und ihr Handeln und somit ihr Bauen sind eine Folge davon. Die Tessiner haben für diese umfassende räumliche und soziale Betrachtungsweise der Landschaft einen schönen Begriff gefunden: Das «territorio» beschreibt nicht nur einen Landstrich, sondern auch seine Bewohner und ihre Gemeinschaft. Der Begriff lässt sich auf die ganze Schweiz beziehen, denn überall auf ihrem Territorium gibt es «territorio».

Architecture, landscape and urbanity

A journey to seven projects by maa
Caspar Schärer

Sion, Bahnhofplatz, early on Monday morning: I have arranged to meet Philippe Meier for a tour that will take us through three cantons, right up to the border with France. Our stopping points will be his latest builds and projects, the route leading us down valley, along the River Rhône. There will be plenty to see along the way – and quite a lot that we won't, even though we will be travelling through *maa-country*, so to speak. A quick perusal of the firm's website shows me a map that displays how the geographical distribution of the interventions of meier + associés architectes is concentrated between Geneva and Sion.[1] A significant proportion of the company's 400+ projects is located in this more or less thoroughly urbanised region. It seems likely that this conspicuous concentration reflects a wider demographic and economic development. The regions of the *Arc Lémanique* (Lemanic Arc), Chablais and Lower Valais are in fact among the most dynamic in central Europe.

Breaking out of the citadel

It's a journey through a very special part of the Swiss countryside. Travelling along a deep valley, we will head to the Rhône knee, then barrel through the narrow ravine near Saint-Maurice to fly out into the bright countryside along the banks of Lake Geneva, and finally come to land by the Jet d'Eau and a small village at the foot of the Pointe de Brantaz. The Alps and the Jura Mountains unite at the lower end of Lake Geneva – or, if viewed from the west, this is the point at which the two mountain ranges separate and move in an arc towards the east. One ends near Zurich, the other near Vienna. The Swiss Plateau opens up between them, the heartland in which the majority of the Swiss population lives and works. Depending on the direction you are coming from, the Geneva Basin thus forms the start or end point of an urban area, which – with one or two interruptions – extends right up to Lake Constance.

This scenic and yet simultaneously urban geographic constellation cannot be overestimated: it has a profound influence on the people that settle there; their activities and therefore also their constructions are a consequence of it. The inhabitants of Tessin (Ticino) have found a rather lovely term for this comprehensive spatial and social way of looking at things: *territorio*. The word does not simply describe a stretch of land, but also encompasses the land's inhabitants and their community. The term can be applied to the whole of Switzerland, because there is *territorio* across of all its territory.

[1] https://maa.ch/fr/sur-la-carte, abgerufen am 7. Dezember 2018 / accessed on December 7, 2018

See und Gebirge / Lake and mountain, Alexandre Calame, 1857–1861 (n°inv. 1912–0027/bis)

meier + associés architectes, Topalihütte, Sankt-Niklaus, 2000–2003

Von aussen betrachtet lagert Genf in einem Kessel, umgeben von ruhigen, langen Bergzügen. Im Südosten grüssen die höchsten Gipfel der Alpen, eingehüllt in ewiges Eis. Als urbane Lebensadern sind nur zwei Richtungen möglich: Nach Nordosten den See mit seinen lieblichen und weichen Hügeln entlang oder, dem Lauf der Rhone folgend, durch wilde Juratäler nach Lyon und von dort weiter ans Mittelmeer oder nach Paris. In dieser Klarheit gleicht Genf auf bemerkenswerte Weise dem Wallis, das noch eindeutiger ausgerichtet ist. Dort bestimmt ein Fluss alles – hinzu kommt die vertikale Komponente: unten die zersiedelte Ebene der Rhone, oben die Weiden und die Resorts. In einem wunderbaren Essay beschreibt der Autor und Soziologe Gabriel Bender in der Architekturzeitschrift *werk, bauen + wohnen* die Wucht der Walliser Landschaft und wie sie sich auf das Gebaute auswirkt – Natur und Kultur in einer engen Wechselbeziehung.[2]

Zeughäuser sind Kulturorte

Philippe Meier ist Genfer durch und durch. Er ist dort geboren und aufgewachsen und hinterliess mit seinem Werk in der Stadt und im Umland zahlreiche Spuren. Meier hat sich seit der Bürogründung 1988 aber auch immer hinausgewagt aus der manchmal etwas gar auf sich selbst bezogenen «Zitadelle» Genf: Bereits die ersten Einträge im Werkverzeichnis künden von der Teilnahme an Wettbewerben in der ganzen Westschweiz.[3] Anfang der 1990er Jahre war keine ideale Zeit für Architektinnen und Architekten. Eine grosse Immobilienkrise stürzte das ganze Land in eine fast zehn Jahre andauernde Depression. Philippe Meier liess sich nicht beirren, blieb am Ball, baute nicht sehr viel (wie alle anderen auch), ergriff dann aber die Chancen, die sich nach dem Wiedererstarken der Wirtschaft um 1998 boten. 20 Jahre später steht das Büro mit einem beeindruckenden Œuvre da, das praktisch das ganze Spektrum der Bauaufgaben umfasst. Von dieser enormen Vielfalt bekomme ich heute einen kleinen Ausschnitt zu sehen.

Wir beginnen in Sitten gleich mit einem grossen Projekt: Direkt am Bahnhof plant meier + associés architectes die Überbauung «Cour de Gare», basierend auf einem Masterplan des Walliser Architekturbüros bonnard + woeffray. Bis 2023 soll direkt am Bahnhof Sitten ein Mischquartier mit Läden, Büroflächen, über 300 Wohnungen und einem unterirdischen Parkhaus mit 600 Stellplätzen entstehen. Sitten – das wird angesichts dieser Dimensionen klar – ist mit einer Stunde Bahndistanz zu Lausanne eindeutig Teil der Metropolregion Genf-Lausanne geworden. Ein Blick auf die Pläne zeigt, dass maa für die projektierten Bauten einen entsprechend städtischen Ausdruck sucht, wie auch das ganze Quartier mit den verhältnismässig engen Strassenräumen viel Dichte

Viewed from outside, Geneva lies in a basin surrounded by long, peaceful mountain ranges. The highest peaks of the Alps rise up to the south-east, enveloped in eternal ice. Only two directions can possibly serve as life-giving urban arteries: to the north-east, along the lake with its mellow and gentle hills, or continue following the flow of the River Rhône, through wild Jura valleys to Lyon, and from there onwards to the Mediterranean Sea or Paris. Geneva's clarity of definition in this regard is remarkably similar to Valais, which is even more starkly laid out. Here, a river defines everything – with the addition of a vertical component: below, the heavily developed Rhône plain; above, the meadows and holiday resorts. In a wonderful essay in the architecture journal *werk, bauen + wohnen*, the author and sociologist Gabriel Bender describes the power of the Valais landscape and how it impacts upon the man-made structures of the region – nature and culture in a close interrelationship.[2]

Arsenals are cultural sites

Philippe Meier is Genevan to the core. He was born and grew up there and, through his work, has left numerous marks of his own in both the city and the *campagne*. But since founding his firm in 1988, Meier has often ventured beyond the occasionally somewhat inward-looking "citadel" of Geneva. Indeed, the very first entries in the catalogue of works provide evidence of participation in competitions across the whole of West Switzerland.[3] The early 1990s were not an ideal time for architects. A huge housing crash plunged the entire country into a depression that lasted almost a decade. Philippe Meier, however, refused to be deterred, stuck with it, built little (much like everyone), but seized with both hands any opportunities that arose with the economic recovery that began in 1998. Twenty years later, his company can look back on an impressive body of work that encompasses very nearly the entire spectrum of construction projects. And today I get to see a small segment of this enormously diverse portfolio.

We start right away with a large project in Sion: right next to the train station, meier + associés architectes are planning the development project "Cour de Gare", based on a master plan by the Valais architectural firm bonnard + woeffray. By 2023, a diverse quarter with shops, office spaces, over 300 apartments and underground parking for 600 cars will be established directly adjacent to Sion's central station. As the dimensions of this project make clear, Sion, which is just an hour's train journey from Lausanne, has evidently become part of the *métropole lémanique*. A look at the blueprints shows that maa is aiming for an appropriately urban look for the projected developments. Indeed the entire quarter, with its relatively

meier + associés architectes und Partner / and partners, Cour de Gare, Sitten / Sion, 2015–2023

[2] Gabriel Bender, «Im Installationskanal. Exkurs in eine persönliche Geografie des Wallis.» In: werk, bauen + wohnen 7/8 (2015), S. / pp. 12–15.

[3] 006 Rathaus Monthey 1988, 008 Schulanlage Monthey 1990, 011 Sportzentrum Yverdon-les-Bains 1991, 020 Wartungszentrum Siders 1992, etc., Architekturgalerie Luzern (Hg.), maa at work, Niggli-Verlag, Sulgen/Zürich 2011, S. / pp. I–XV.

meier + associés architectes, Mediathek des Wallis / Valais Media Library, Sitten / Sion, 2008–2016

meier + associés architectes, Autobahnkontrollzentrum / Motorway Control Centre, Saint-Maurice, 2007–2011

und Dynamik verspricht. Sitten wird mit «Cour de Gare» einen weiteren Schritt in Richtung Urbanisierung und Vernetzung nehmen, soviel ist gewiss.
Nur einen halben Kilometer vom Bahnhof entfernt, betreten Philippe Meier und ich das ehemalige kantonale Zeughaus in der Rue de Lausanne. Den militärischen Zweckbau, den der Walliser Architekt Joseph de Kalbermatten Ende des 19. Jahrhunderts in der typischen Manier der «Bundesrenaissance» errichtete, baute Meier mit seinem Büro zu einer lebendigen Mediathek um. Auf den ersten Blick passen Zeughaus und kulturelle Nutzung nicht unbedingt zusammen. Hier die zuweilen ins Lächerliche abdriftende militärische Pedanterie, dort Kreativität, die Regeln in Frage stellt. Mittlerweile sind so viele Zeughäuser zu kulturellen Institutionen umgewidmet worden, dass vermutlich eine jüngere Generation diese Gebäude gar nicht mehr mit Militär, sondern nur noch mit Kultur in Verbindung bringt.
Zeughäuser eignen sich eben ideal für Umnutzungen: Sie sind robust gebaut, weisen eine flexible Struktur auf und liegen oft zentral. So wurde aus dem einst abgeschlossenen Komplex in Sitten ein öffentlicher Ort mit einer hellen und heiteren Atmosphäre im Inneren. Das schlüssige Farbkonzept trägt viel zu diesem Eindruck bei: Meier liess die Architektur dezent hellgrau streichen – also in erster Linie die alte Tragstruktur mit den schlanken Stahlstützen auf den steinernen Sockeln –, während die knallroten Regale verdeutlichen, dass es hier in erster Linie um Bücher geht. Gebäude und Nutzung sind auf Anhieb «lesbar» – eigentlich eine Selbstverständlichkeit, die aber längst nicht immer eingehalten wird.
Das grösste räumliche Erlebnis bietet allerdings eine Transitzone, ein Zwischentrakt, der das kantonale Zeughaus in der Rue de Lausanne mit dem dahinter liegenden eidgenössischen Arsenal in der Avenue de Pratifori miteinander verbindet. Von aussen präsentiert sich die Verbindung als rätselhaftes Gebilde, verspiegelt und verspielt, präsent und unsichtbar zugleich. Es ist unmissverständlich neu, allein die als Faltwerk konzipierte Hülle macht das deutlich. Genauso zeitgenössisch ist aber auch die Art und Weise, wie Philippe Meier die wunderbare Aufgabe des Verbindens zweier denkmalgeschützter Gebäude zum Anlass nimmt, die Möglichkeiten der Architektur voll zur Entfaltung zu bringen: Der Raum ist etwas (komplex, vielschichtig, anregend) und kann etwas (unterschiedliche Geschossniveaus ausgleichen, Verbindung und Treffpunkte schaffen, Orientierung bieten). Auch hier muss ich feststellen: So sollte es eigentlich immer sein.

Landschaft, Infrastruktur und Agglo
Nach diesem «Bad» in interessanten Räumen machen wir uns auf den Weg und folgen auf der Auto-

narrow street spaces, promises a high degree of density and dynamism. This much is certain: with the "Cour de Gare", Sion will take another step towards urbanisation and inter-metropolitan networking.
Just half a kilometre away from the station, Philippe Meier and I step into the former cantonal arsenal on Rue de Lausanne. Meier and his firm converted the functional military building – erected by the Valais architect Joseph de Kalbermatten at the close of the 19th century in the typical style of the so-called "Bundesrenaissance" (Confederation Renaissance) – into a living "médiathèque" or media library. At first glance, the arsenal and its use as a cultural site do not obviously fit together in view of the occasionally almost ludicrous military pedantry, and the new creativity that challenges those rules. In the meantime, so many arsenals have been re-purposed as cultural institutions that a younger generation presumably would never dream of associating this building with the military. They associate it instead solely with culture.
Arsenals are ideal buildings for re-purposing: they are robustly built, have a flexible structure and are often centrally located. Realising this has turned the once tightly secure complex in Sion into an open public space with a bright and cheerful atmosphere inside. The carefully planned colour concept is an important factor in this: Meier had the architectural structure painted in a subtle light grey – in other words, the old load-bearing structure with its slender steel uprights on stone plinths – while the punchy red shelves emphasise that, here, the focus is really all on books. The building and its use are "readable" at a single glance – a matter of course, you might think, but for some time now this principle has often been neglected.
The largest spatial experience, however, is provided by a transit area, an intermediary walkway, that connects the cantonal arsenal on Rue de Lausanne to the confederate arsenal on Avenue de Pratifori. From the outside, the connection is presented as a puzzling construct, reflective and playful, present and yet simultaneously invisible. It is unmistakebly new – the folded structure design of the shell makes that clear immediately. Equally contemporary is the manner in which Philippe Meier uses the fascinating task of connecting two heritage-protected buildings as an opportunity to give the architectural potential the space to develop to its fullest extent: the space *is* something (complex, multifaceted, stimulating) and *can do* something (balancing different storey levels, creating connections and meeting points, offering a point of orientation). And here, too, I have to say: that's really how it always ought to be.

Landscape, infrastructure and agglomeration
After this "immersion" in fascinating spaces, we continue our journey and hit the motorway, fol-

bahn den Schildern nach Lausanne und Genf. Die nächsten zwei Bauten auf unserer Tour sind infrastruktureller Natur und beziehen sich auf den grösseren Massstab der Landschaft oder eben des «territorio». Zunächst durchqueren wir jedoch den urbanisierten Talboden der Rhone und nehmen in Martigny die von der Natur vorgegebene scharfe Rechtskurve in Richtung Norden. Kurz vor Saint-Maurice verlassen wir die Autobahn und rollen auf eine riesige Asphaltfläche vor dem Autobahnkontrollzentrum. Die weitläufige Anlage ist sowohl Teil eines übergeordneten Systems – bei Problemen auf den Strassen zum Grossen St. Bernhard oder zum Simplon dient sie als «Wartezone» für den Schwerverkehr – wie auch ein regionaler Knotenpunkt für alle Dienstleistungen rund um die Zulassung und Prüfung von Autos, Motorrädern und Lastwagen.

Der Ort ist geprägt von Landschaft und Infrastruktur. Das Tal ist spürbar enger, die Flanken nochmals steiler als zuvor zwischen Sitten und Martigny. Gleichzeitig verläuft die Autobahn an dieser Stelle einige hundert Meter weit auf Stützen und ermöglicht so eine «Stapelung» von Nutzungen. Die Autobahn, die Rampen der Ausfahrt, die Kantonsstrasse und das lokale Strassennetz sind eng miteinander verzahnt, in unmittelbarer Nähe liegt ein kleinteiliges Einfamilienhausquartier. Als wäre das noch nicht genug, befindet sich nur 300 Meter entfernt das weithin bekannte Thermalbad Lavey-les-Bains. So ist sie, die Agglomeration: Nutzungen unterschiedlichster Art prallen unvermittelt aufeinander, Infrastrukturen zerschneiden den Raum und drücken ihm ihren Stempel auf, und das Auge findet keine Ordnung, keinen Halt.

Für viele Architekten ist diese Situation nur schwer zu ertragen. Philippe Meier kann offenbar damit umgehen. Er macht mit dem Strassenverkehrsamt in Saint-Maurice das Richtige: Er schafft einen spezifischen Ort, der sich durch seine Architektur abhebt und trotzdem seine profane Nutzung nicht kaschiert. Das Gebäude ragt aus der schwarzen Bitumenfläche wie eine Insel und nimmt geschickt einen Terrainsprung auf. Auf der oberen Ebene sind die Schalter des Strassenverkehrsamts angeordnet, eine kleine, feine Kundenzone mit gepflegtem Ambiente. Die untere Ebene schliesst an das grosse Asphaltfeld an und kann von Fahrzeugen durchfahren werden; hier finden in einer hohen Halle die Checks statt. Das Gebäude ist einheitlich in eine Metallfassade gehüllt, passend zum gewerblichen Charakter der Anlage.

Ein begrüntes, sanft geneigtes Dach ragt auf allen Seiten leicht über die Fassade hinaus und betont damit zusätzlich die Einheit des Gebäudes. Einzig neben der Fahrzeughalle kragt es deutlich weiter aus und nimmt Bezug zur Autobahn. Mit wenigen, aber präzise gesetzten architektonischen Handgriffen gelingt es meier + associés architectes,

lowing the signs for Lausanne and Geneva. The next two builds on our tour are of an infrastructural nature and relate to the larger scales of landscape and, indeed, those of the *territorio*. But first we have to cross the urbanised valley floor of the Rhône, taking the sharp right turn provided by the natural landscape in Martigny and travel northwards. Just before Saint-Maurice we leave the motorway and roll onto a huge tarmac surface in front of the *Centre de contrôle autoroutier* (Motorway Control Centre). The expansive facility is part of both a superordinate system – it serves as a "waiting area" for trucks in the event of problems on the roads to the Great St. Bernhard or Simplon Passes – and as a regional hub for all services concerning the authorisation and inspection of cars, motorbikes and lorries.

The area is characterised by both its landscape and its infrastructure. The valley is tangibly narrower: the sides of the valley are even steeper than they are between Sion and Martigny. At the same time, this motorway section is elevated on struts for several hundred metres, creating a "stacking" of usages. The motorway, the ramps of the exit, the cantonal road and the local road network are all closely interlinked; there is a small-scale neighbourhood of single-family houses right next to it all. As if that weren't enough, only three hundred metres away lie the widely renowned thermal springs of Lavey-les-Bains. This encapsulates the agglomeration: all kinds of usages collide and come together, infrastructures cut through the space and leave their own stamp on it – and the eye of the beholder can find no order or purchase.

Many architects find it difficult to bear this situation. Philippe Meier can evidently bear it. He does the right thing with the road traffic authority in Saint-Maurice, creating a specific site that stands out with its architectural design, but doesn't try to conceal its profane use. The building juts out of the black bitumen surface like an island and cleverly takes account of a fissure in the terrain. The counters of the road traffic authority are located on the upper level, a small, but perfectly formed reception area with a smart atmosphere. The lower level adjoins with the large tarmac area and vehicles can drive through it; this is where, in a high-ceilinged hangar, the checks take place. The building is completely encased in a metal façade, aptly reflecting the commercial nature of the facility.

A grassy, gently sloping roof protrudes a little beyond the façade on all sides, and in doing so provides additional emphasis for the unity of the building. Only next to the vehicle hangar does it project noticeably further out, an architectural reference to the motorway. With just a few, very precisely placed architectural flourishes, meier + associés architectes have succeeded in breaking out of the constraints of functionality and have

meier + associés architectes,
Autobahnkontrollzentrum / Motorway Control Centre, Saint-Maurice, 2007–2011

meier + associés architectes, mit / with Conus & Bignens, Rhone-Brücke / Bridge over the Rhône, Les Evouettes, 2005–2012

meier + associés architectes, mit / with Conus & Bignens, Rhone-Brücke / Bridge over the Rhône, Les Evouettes, 2005–2012

P. Bonnard, J.-P. Cahen, J. Longchamp, Universitätsspital / University Hospital, CHUV, Lausanne, 1962–1982

sich aus dem funktionalen Korsett zu befreien und dem Komplex eine eigene Identität zu verleihen. Das Projekt ist ein «Weiterbauen an der Agglo» im besten Sinn und zeigt eindrücklich, welchen Mehrwert Architektur gegenüber dem schlichten Bauen hat.

Etwas weiter flussabwärts, nach der Schlucht von Saint-Maurice und bereits in der Ebene des Chablais, besichtigen wir anschliessend ein «richtiges» Infrastrukturprojekt, auf das Philippe Meier zu Recht stolz ist. Die Rhonebrücke ist Teil einer Entlastungsstrasse, die seit den 1960er Jahren geplant war und 2012 in Betrieb genommen werden konnte. Sie verbindet die linke (Wallis) mit der rechten (Waadt) Talseite, an deren östlichem Rand die Autobahn A9 verläuft. Der Talboden ist hier rund vier Kilometer breit, und im Norden ist bereits das Glitzern des Genfersees zu erahnen. Die 450 Meter lange, schnurgerade Brücke ist das Kernstück der Strasse und ihr prägnantes architektonisches Element. Sie liegt wie ein Strich in der Landschaft – ein roter Strich, denn der Beton ist mit Pigmenten eingefärbt.

Die Horizontalität wird durch die gestalterische Ausbildung des Brückenträgers noch betont: Er wirkt wie ein einziges homogenes Stück, das über seine ganze Länge eine grosse Ruhe ausstrahlt. Die Gelassenheit trügt allerdings: Im Inneren ist mehr «Leben», als es das Äussere vermuten lassen würde. Erhebliche Kräfte müssen aufgenommen und abgeleitet werden, auch und besonders bei der 64 Meter langen Überspannung des Flusses. Die so genannte Momentenkurve vollführt tollkühne Sprünge, der Träger bleibt aber immer gleich hoch. Im Querschnitt verändert er sich dynamisch und passt sich so den spezifischen Situationen im Gelände an. Es ist nicht nur ein Vergnügen, diese Brücke von aussen anzuschauen, sondern natürlich auch, über sie zu fahren und das Rhonetal einmal quer zur Flussrichtung zu passieren.

Im Dienst der Menschen

Schon nach wenigen Kilometern fahren wir an Villeneuve vorbei und sind nun endgültig in der Metropolregion Genf-Lausanne angelangt. An der Riviera ist diese Metropole noch eine Alpenstadt mit einem schmalen, aber umso dichter besiedelten Uferstreifen, doch nach den lieblichen Weinbergen des Lavaux ändert sie ihren Charakter. Die Stadt Lausanne dehnt sich bereits trotz erheblicher topografischer Hindernisse über die angrenzenden Hänge aus, bei den Vorstädten im Westen wird diese Expansion dann zum bestimmenden Thema. Doch auch dort stoppt die urbane Entwicklung ab einem bestimmten Punkt ziemlich abrupt. Die Metropolregion Genf-Lausanne ist tatsächlich um den See herum gruppiert – und erfasst die ländlichen Regionen im Hinterland nur sporadisch.

Wir machen in Lausanne auf halber Höhe zwi-

given the complex a unique identity. The project is "continued agglomeration development" in the best sense and impressively demonstrates the additional benefit that architecture provides compared to straightforward construction.

A little further downriver, past the ravine of Saint-Maurice – in fact we are already on the Chablais plain – we next view a "proper" infrastructure project of which Philippe Meier is rightly very proud. The bridge over the Rhône is part of a by-pass road that had been in planning since the 1960s and was finally able to open in 2012. It connects the valley's left (Valais) and right (Vaud) sides, the A9 motorway running along the eastern edge. In this section the valley floor is roughly four kilometres wide and you can just glimpse the glittering of Lake Geneva to the north. The perfectly straight, 450-metre long bridge lies at the heart of the road and is its distinctive architectural element. It lies like a red slash across the landscape – red because the concrete has been dyed with special pigments.

Its horizontality is further underscored by the creative formation of the bridge girder: it has the appearance of a single uniform unit, radiating a vast peace along its entire length. Yet the serenity is deceptive: inside, there is more "life" than the outside suggests. Formidable forces have to be absorbed and diverted, including – and most particularly – along the 64-metre suspension across the river. The torque curve executes daring bounces and leaps, but the girder always remains steadfast at the same level. The transverse section adjusts dynamically to adapt to the specific situations in the terrain. It isn't simply a pleasure to view this bridge from the sidelines; it is, of course, also a pleasure to drive over it and be able to traverse the Rhône Valley, crossing the flow of the river.

In the service of humanity

After just a few kilometres we have driven past Villeneuve and have definitely arrived in the *métropole lémanique*. In the *riviera* this *métropole* area is still an Alpine town with a narrow, but very densely populated strip concentrated along the riverbank – but beyond the gently sloping vineyards of Lavaux, its character undergoes a marked change. Despite considerable topographical obstacles, the city of Lausanne stretches out over the neighbouring hillsides and in the suburbs to the west, this expansion becomes a defining feature. Yet even there, from a certain point the urban development comes to a fairly abrupt halt. The *métropole lémanique* is actually clustered around the lake and extends only sporadically into the hinterlands to include the rural regions.

We take a break in Lausanne half-way between the motorway exit for Vennes and the level of the lake at Ouchy. The CHUV university clinic is one

schen der Autobahnausfahrt Vennes und dem Seespiegel bei Ouchy Halt. Das Universitätsspital CHUV ist einer jener Spitalkomplexe, die über viele Jahrzehnte gewachsen sind und einem permanenten Transformationsprozess unterliegen. Wie alle anderen Universitätskrankenhäuser in der Schweiz muss sich auch das CHUV laufend neuen Anforderungen stellen und dafür neue Räume bereithalten – und dies notabene auf dafür knapp bemessenen Parzellen mitten in der Stadt. Der mit Abstand grösste «Baustein» auf dem Areal ist der zwischen 1971 und 1982 erbaute Komplex mit dem markanten, 20-geschossigen Bettenhaus, das aus der Skyline Lausannes nicht mehr wegzudenken ist. Zu Füssen der Hochhausscheibe erstreckt sich ein vielgestaltiges und stark gegliedertes Konglomerat aus verschiedenen, übereinander gestapelten Kisten. Philippe Meier fügt dieser nach Südwesten exponierten Stadtlandschaft drei weitere Kuben hinzu, die sich mit ihrer horizontalen Bänderung klar am Bestand orientieren, in ihrer architektonischen Ausprägung aber dennoch eine selbstbewusste Eigenständigkeit entwickeln.
Alle drei Erweiterungen setzen sich in weisser Farbe vom ansonsten grauen Komplex des CHUV ab. Die Aufstockung für die provisorischen Operationssäle kommt fast ohne Öffnungen aus, während die Erweiterung des Personalrestaurants und das neue Onkologiezentrum als formal verwandte Interventionen mit umlaufenden Fensterbändern behandelt werden. Beide sind vom Bestand abgesetzt und mit diesem durch «Stutzen» verbunden. Dies erlaubt eine Öffnung auf allen vier Seiten, und auch wenn die Abstände zu den Nachbargebäuden mitunter gering sind, gelangt doch genügend Tageslicht ins Innere. Dies ist nicht nur für das Personal angenehm, sondern und vor allem auch für die Patientinnen und Patienten, die auf ein freundliches räumliches Umfeld angewiesen sind. Gerade in der neuen Onkologiestation gelingt dies meier + associés architectes in hohem Mass: Die Raumstimmung ist unaufgeregt und angenehm; die typische Spitalatmosphäre konnte aus diesen Räumen verbannt werden. Dass abgerundete Ecken so viel zu einer solchen Stimmung beitragen können, überrascht mich zunächst, überzeugt mich dann aber umso mehr. Was für ein Kontrast zur Spitalarchitektur der 1960er und 1970er Jahre! Damals stand die Funktionalität dominierend im Vordergrund, heute werden Krankenhäuser mit viel stärkerem Fokus auf das Wohlergehen der Menschen gebaut. Philippe Meiers Erweiterungen am CHUV in Lausanne stehen stellvertretend für diese positive Entwicklung.

Urbanität im Genfer Stil

Es wird Zeit, die letzte Etappe in Angriff zu nehmen. Wir nehmen wieder die Autobahn, durchqueren das quirlige Lausanne-West, dessen Ent-

of those hospital complexes that have grown over several decades and are modified in a permanent process of transformation. Like all other university clinics in Switzerland, the CHUV is also continually confronted with new challenges and must provide new spaces to accommodate them – and moreover must provide this on parsimoniously apportioned plots of land in the middle of town. The largest "building brick" of the entire site by a considerable distance is the complex constructed between 1971 and 1982, with its striking, twenty-storey ward building. The skyline of Lausanne is unimaginable without it. A diverse and heavily structured agglomeration of various boxes piled up one upon another spills out at the foot of the high-rise slab. Philippe Meier added three additional cubes to this south-west facing urban landscape, which, with their horizontal banding, clearly take their cue from the existing structures, but have nevertheless developed a confident and independent architectural character all of their own.
All three extensions create a white contrast against the otherwise grey complex of the CHUV. The additional storeys for the provisional operating suites have almost no apertures, while the extension of the staff restaurant and the new oncology centre have been treated as formally related interventions, signalled by the bands of windows around their respective circumferences. Both are set apart from the existing buildings but also linked to them with "connectors". This permits the building to be open on all four sides. Even though the spaces between the neighbouring buildings are sometimes narrow, enough daylight still reaches into the interior of the buildings. This is pleasant for the staff, of course, but also and most importantly for the clinic's patients, who are most in need of a friendly atmosphere in the rooms. meier + associés architectes achieved this particularly successfully in the oncology suites: the interior atmosphere is calm and pleasant, while the typical hospital ambience has been utterly banished from these spaces. At first, I am surprised that rounded corners should be capable of making such a great contribution to the mood of an interior, but I am rapidly convinced by the effect. What a contrast to the hospital architecture of the 1960s and '70s! Back then, functionality dominated architectural principles; today, hospitals are constructed with a much closer eye to the wellbeing of the people who use them. Philippe Meier's extensions to the CHUV in Lausanne are good examples of this positive development.

Urbanity à la genevoise

It's now time to embark upon the last stage of our tour. We take the motorway again, passing through lively Lausanne-Ouest and its almost tangibly

meier + associés architectes, Erweiterungen des Universitätsspitals CHUV / CHUV University Hospital extensions, Lausanne, 2008–2017

meier + associés architectes, Handelsschule / Business school, Genf / Geneva, 2009–2017 (vorher-nachher / before-after)

meier + associés architectes, Handelsschule / Business school, Genf / Geneva, 2009–2017

meier + associés architectes, Mehrfamilienhaus auf dem Land / Housing in the countryside, Presinge, 2013–2017

wicklungsdynamik fast physisch spürbar ist, und gleiten in einer einzigen grossräumigen Linkskurve durch eine sanfte Hügellandschaft nach Genf, vorbei an Kornfeldern, Kleinstädten und Konzernzentralen. Zu unserer Linken verengt sich der Genfersee zusehends, das entfernte Ufer rückt näher, die Bebauung wird dichter, und plötzlich sind wir mitten in der Stadt: Die Fassaden der prächtigen Hotel- und Geschäftsbauten am Quai du Mont Blanc und am Quai du Général Guisan bilden eine Art städtische Arena, wie es sie in der Schweiz sonst nirgends gibt. Die Ähnlichkeit mit der Landschaft des Genfer Beckens mit seinen umliegenden Bergen ist frappant.

Wir bleiben allerdings nicht in der City (in der es einige Projekte von Philippe Meier zu besichtigen gäbe...), sondern fahren hinaus auf das Plateau de Frontenex, wo meier + associés architectes die Handelsschule Raymond Uldry gebaut hat. Meier teilt das grosse Volumen in einen Baukörper, der sich in verschiedene Trakte aufgliedert, die sich von einem Kern in der Mitte in alle vier Himmelsrichtungen bewegen. Dadurch schafft er beim Eingang am Chemin du Domaine-Patry, der einen Bezug zur gegenüberliegenden Villa Patry schafft, eine freie städtebauliche Form, die aber präzise auf spezifische Situationen vor Ort reagieren kann. Der Baukörper weist eine feingliedrige Fassade mit weissen Betonstäben auf, durch welche die fortlaufenden Glasflächen in unterschiedlich grosse Felder unterteilt werden. Der architektonische Ausdruck ist selbstbewusst und doch sehr gelassen; das liegt wohl an dem sorgfältig komponierten Fassadengitter. Mir wird bewusst, dass wir auf unserer langen Tour nun beim ersten Projekt angelangt sind, das Philippe Meiers «Rationalismus» zugeordnet werden kann – jene «gestalterische Sauberkeit», für die er bekannt ist und die in Publikationen über ihn immer wieder gewürdigt wird.[4]

Im Inneren der Schule ist einiges von dieser Klarheit in Ausdruck, Konstruktion und Materialität zu spüren, die jene Generation von Philippe Meier kennzeichnet, die in den späten 1980er Jahren studierte und sich in den 1990er Jahren auf den Weg in die Praxis machte. Hervorragend geschalter Sichtbeton, bündig eingelassene Türen, präzise gesetzte statische Elemente: Die Architektur bildet den neutralen Hintergrund für einen bunten Schulbetrieb, der sich die wohlproportionierten Räume längst angeeignet hat.

Ein paar Kilometer weiter westwärts verschwindet die Stadt langsam im Rückspiegel. Wir bewegen uns nun über Nebenstrassen durch das dünn besiedelte Hinterland des Genfer Grüngürtels und halten im Dörfchen Presinge unmittelbar an der Grenze zu Frankreich. Neben der Kirche und am Rand eines kleinen Waldstreifens hat meier + associés architectes ein elegantes Mehrfamilienhaus mit zwölf Wohnungen gebaut. Auch hier, wie

dynamic development, and glide into a single, sweeping curve to the left, driving through a landscape of undulating hills towards Geneva – past fields of corn, small towns and corporate head offices. Off to our left, the little "ocean" that is Lake Geneva narrows noticeably, the distant banks move ever closer, the building development becomes denser and suddenly we are in the middle of the city. The façades of the magnificent hotels and commercial buildings that line the Quai du Mont Blanc and the Quai du Général Guisan form a kind of urban arena that is unique in Switzerland. The similarity to the natural arena formed by the Genevan basin and its surrounding mountains is undeniable.

However, we don't hang around long in the city (which also has a number of projects by Philippe Meier to offer...). Instead, we drive out to the Plateau de Frontenex, where meier + associés architectes have constructed the *Ecole de commerce Raymond Uldry*. Meier has structured this huge volume into a development with a number of wings radiating out in all directions from a central core. He has managed to create a free form of urban planning, which, however, is capable of reacting with precision to specific local situations. Standing at the entrance by Chemin du Domaine-Patry, it creates a link to the Villa Patry, which stands on the opposite side. The main structure is encased in a delicate façade with white concrete columns framing large glass windows. The architectural statement is confident and yet at the same time very relaxed. This is no doubt down to the carefully composed latticework of the façade. I am suddenly aware that only at this stage on our long tour have we arrived at the first project that can be classified as Philippe Meier's "rationalism" – that "artistic cleanness" for which he is renowned and which publications repeatedly praise in his work.[4] Some of the clarity of expression, construction and materiality is evident in the school's interior. It is characteristic of Philippe Meier's generation, having studied in the 1980s and then begun practising in the 1990s. Magnificent formwork in facing concrete, doors set flush with the walls, precisely positioned static elements – the architecture forms the neutral background for an educational operation that evidently made the well-proportioned rooms fully its own some time ago.

A few kilometres further west and the town slowly disappears in the rear view mirror. We are now driving along side roads through the sparsely populated hinterland of the Genevan green belt. We stop in the village of Presinge, just short of the French border. Next to the church, on the edge of a small strip of wood, meier + associés architectes has erected an elegant apartment building with twelve apartments. Here, too, as has been the case throughout the entire tour since Sion,

[4] Vgl. etwa den Beitrag von Luca Deon, Die Kultur des Repertoires. In: Architekturgalerie Luzern (Hg.), maa at work, Niggli-Verlag, Sulgen/Zürich, 2011.

[4] See, for example, the article by Luca Deon "Die Kultur des Repertoires". In: Architekturgalerie Luzern (Ed.), maa at work, Niggli-Verlag, Sulgen/Zurich, 2011

schon auf der ganzen Tour seit Sitten, stehen Landschaft und Architektur in einer engen Wechselbeziehung. Die schroffen Walliser Berge haben wir hinter uns gelassen – hier blickt man von den Loggien auf eine idyllisch kultivierte Kulturlandschaft. Die Architektur ist formal reduziert, gleichzeitig aber voller poetischer und sinnlicher Details und Anspielungen. So lädt etwa der hellbraun eingefärbte Beton der Fassade fast unwiderstehlich zum Berühren ein, und die warme Farbe steht in einem harmonischen Verhältnis zu den Holzfenstern, wie ganz allgemein das Gebäude in einem Gleichklang zur Umgebung steht. Es repräsentiert aber auch ein Stück Stadt auf dem Land – eine «campagne», die untrennbar zur Stadt Genf und der Metropolregion Genf-Lausanne gehört. Genf mit seiner dichten Bebauung im Zentrum ist gar nicht denkbar ohne den Grüngürtel. Das auf den ersten Blick unscheinbare Gebäude in Presinge stellt diese Janusköpfigkeit beispielhaft dar: Es ist Ausdruck einer spezifisch genferischen Ausprägung von ländlicher Urbanität.

Was für ein schöner Abschluss dieser Reise! Wir stehen auf einer der Loggien und blicken auf die benachbarte Wiese, auf der sich ein paar Pferde tummeln. Entfernt meint man die Stadt brummen zu hören, aber vielleicht ist es nur die Strasse. Philippe Meier hat mir einen kleinen Einblick in sein vielgestaltiges Schaffen gegeben. Damit hat er mich in meiner Überzeugung bestärkt, dass Architektur ein universelles und gleichzeitig kraftvolles Medium sein kann. So wie Philippe Meier Architektur versteht und praktiziert, bringt der Architekt als Spezialist des Raums viele unterschiedliche Interessen und Ansprüche zusammen und vereint sie gewissermassen in einer Form. Er ist es, der mit der architektonischen Idee jedes Projekt zu einer «Verschwörung» und alle daran Beteiligten zu «Komplizen» macht.[5] Es gibt immer genügend Gründe, Nein zu sagen und etwas nicht zu tun. Jede gelungene Architektur ist somit ein kleiner Sieg über die Gleichgültigkeit und Bequemlichkeit.

landscape and architecture stand in a close, symbiotic relationship. We have left the rugged Valais mountains behind us – the loggias look out onto an idyllic, cultivated cultural landscape. Formally, the architecture is reduced and yet it is still full of poetic and sensual details and references. The light brown coloured concrete of the façade has an almost irresistibly tactile allure and the warm colour complements the wooden window frames, as indeed the entire building harmonises with its surroundings. However, it also represents a piece of urban existence in the countryside – a *campagne* that is inseparably part of the city of Geneva and of the *métropole lémanique*. It is impossible to imagine Geneva and its densely developed centre without its greenbelt area. The initially unassuming building in Presinge is a prime example of this Janus-faced situation: it is the expression of a specifically Genevan type of rural urbanity.

What a wonderful conclusion to this journey! We stand on one of the loggias and look out onto the neighbouring meadow, where a couple of horses are gambolling. It's almost as if we can hear the rumble of the city in the distance, but perhaps it's just the road. Philippe Meier has given me a glimpse of the diversity of his work. And in doing so he has reinforced my conviction that architecture can be a universal and powerful medium. Philippe Meier's understanding and practice of architecture means that the architect, the spatial specialist, brings a project's various interests and requirements together and combines them within an architectural form. It is the architect who turns the architectural concept of each project into a "conspiracy" and all its participants into "accomplices".[5] There are always enough reasons to say no and not to do something. In that light, each successful architectural project is a small victory over indifference and complacency.

[5] Zu dieser spezifischen Form der Zusammenarbeit forscht die deutsche Kulturtheoretikerin Gesa Ziemer. 2007 leitete sie ein KTI-Forschungsprojekt an der Zürcher Hochschule der Künste ZHdK und veranstaltete in dem Rahmen eine «Nacht der Komplizenschaft»; 2013 veröffentlichte sie das Buch Komplizenschaft – Neue Perspektiven auf Kollektivität im transcript-Verlag; seit 2008 ist sie Professorin an der HafenCity Universität Hamburg HCU.

[5] The German cultural theoretician Gesa Ziemer has conducted research on this specific form of collaboration. In 2007 she lead a Swiss Federal Commission for Technology and Innovation (KTI) research project at the Zurich University of the Arts and held a "Night of Complicity". In 2013 she published her book *Komplizenschaft – Neue Perspektiven auf Kollektivität* with transcript-Verlag. In 2008 she became Professor at the Hafen City Universität Hamburg HCU.

meier + associés architectes, Mehrfamilienhaus auf dem Land / Housing in the countryside, Presinge, 2013–2017

Wettbewerb: 2009, 1. Preis
Bauherrschaft: Kanton Genf
Projekt: 2009–2012
Ausführung: 2014–2017
Ausführungsleitung: Architech, Genf
Bauingenieur: ab ingénieurs, Genf
Landschaftsarchitektur: Oxalis, Genf
Auszeichnung: Prix Bilan Immobilier 2018

Competition: 2009, 1st Prize
Client: Canton of Geneva
Project: 2009–2012
Construction: 2014–2017
Building management: Architech, Geneva
Structural engineer: ab ingénieurs, Geneva
Landscape architecture: Oxalis, Geneva
Award: Prix Bilan Immobilier 2018

Mitarbeiter / Collaborators:
Adriano Reis, Julio Lopez, Diego Osorio Calvo, Marta Alpuim, Teresa Blanco, Guillaume Boussemart, Laurence Boyé, Paulo Duarte, Joel Fernandes, Patrick Flum, Poli Gyaurova, Kim Henny Perinet-Marquet, Amalia Jimenez, Angelos Komninos, Sebastien Le Dortz, Rodrigo Lino Gaspar, Francisca Machado Lima, Antonio Martin Prieto, Cathy Martinie, Tiago Menino, José Ortells Barbero, Nicolas Pailler, Adrien Renoult, Linda Serra, Rita Tadi, Joao-Pedro Vaz

Handelsschule «Raymond-Uldry», Genf

Die ehemals zur Ausübung von Freiluftmannschaftssportarten bestimmte Parzelle befindet sich heute am Anfang einer neuen Stadtfront, deren beträchtliche Dimensionen die zunehmende Einwohnerdichte des Genfer Gebietes widerspiegeln. Der neue Stellenwert dieses natürlichen Plateaus steht in engem Zusammenhang mit einem Eindringen von Grünflächen, wodurch das umliegende Land mit der Stadt verbunden wird. Um diese besondere Situation abzubilden, fügt sich die neue Handelsschule ebenfalls in die Landschaft ein. Das Gebäude wurde als skulpturales Objekt konzipiert, als eine Art grosse «Blume», die ihre «Arme» zu entfernten Horizonten hin öffnet: dem Mont Salève, Les Voirons, dem Jura und dem Genfer See entgegen. Es fügt sich in eine Pflanzenwelt ein und bildet deren künstliche Fortsetzung. Die Gestaltung des Eingangs trägt der gegenüberliegenden alten Herrschaftsvilla Rechnung.

Durch die sternförmige Komposition entsteht ein Verteilerzentrum, um das sich die Klassensäle und die speziellen Funktionsräume entlang einer Sichtbetonwand reihen, durchbrochen durch feine vertikale Zäsuren. Um die Grundflächennutzung zu begrenzen, wurde eine programmatische Schichtung vorgenommen, die sich teilweise an der von Rem Koolhaas definierten *Überlastungskultur* inspiriert, insbesondere mit dem Übereinanderlagern von drei Gymnastiksälen. Im Nordwestflügel der Schule befinden sich die Gemeinschaftseinrichtungen der Institution: die Caféteria, das Lehrerzimmer, die doppelgeschossige Mediathek sowie ein grosszügiger Mehrzweckraum. Die Querschnittgliederung ermöglicht nicht nur einen Blick von den Verteilerräumen, sondern auch deren natürliche Beleuchtung durch die Verteilung des Lichtes der Säle selbst. Die gesamte Wegführung profitiert von einer Räumlichkeit, wo die Fensterausblicke den Alltag der Schüler bereichern.

Das statische Konzept beruht auf dem Potenzial des Eisenbetons und seiner übertragenen Fähigkeiten der Lastenverlagerung. Die Fassaden bestehen so aus vorgefertigten Trägerelementen aus Beton, deren Rhythmik an die Struktur eines Baumes erinnert: eine grössere Dichte auf Ebene des Bodens, die sich zum Himmel hin verringert und so im natürlichen Sinn der statischen Kräfte wirkt. Die Materialisierung dieses strukturellen Gitters, das modular und gleichzeitig zufallsbedingt ist, stützt sich auf das abstrakte Weiss des hochfesten Faserbetons, der die grossen Glasbaukörper einfasst.

"Raymond-Uldry" business school, Geneva

Formerly devoted to outdoor team sports practice, the project's plot is located at the head of a new urban front, the considerable scale of which reflects the increasing density of the Geneva area. The new development of this natural plateau is closely linked to a "highway of greenery" coming in from the countryside and entering the city. To take account of this particular situation, the new business school is participating in the landscape's articulation. The building was designed as a sculptural object, a kind of large "flower" opening its "arms" out to the distant landscapes of Salève, Voirons, Jura and Lake Geneva. It is inserted into a world of greenery of which it is an artificial extension. The layout of the entrance to the building accommodates the presence of the old master's villa that faces it.

Arranged in a star shape around a central circulation area, the classrooms and special rooms run along bare concrete walls, perforated by fine breaks of light. To limit the impact to the ground, a programmatic stratification has been used, partially inspired by the "culture of congestion" defined by Rem Koolhaas, with the superimposition of three gyms in particular. The northwest branch of the school houses the institution's most collective activities: the cafeteria, the teachers' room, the media library (on a double level) and a spacious multipurpose room. This sectional layout not only provides views from the circulation spaces, but also allows these spaces to be naturally illuminated by the light of the gyms themselves. The spatiality of the whole of the layout enables crossed perspectives that enrich students' daily life.

The static concept is based on the possibilities of reinforced concrete and its load-bearing adaptability. The façades consist of prefabricated concrete load-bearing elements, with a rhythm evoking the structure of a tree. There is a greater density at the bottom, diminishing higher up in line with the natural reduction of effort. The materialisation of this structural grid, both modular and varied, is based in the abstract whiteness of high-performance fibre concrete into which expansive glass volumes are set.

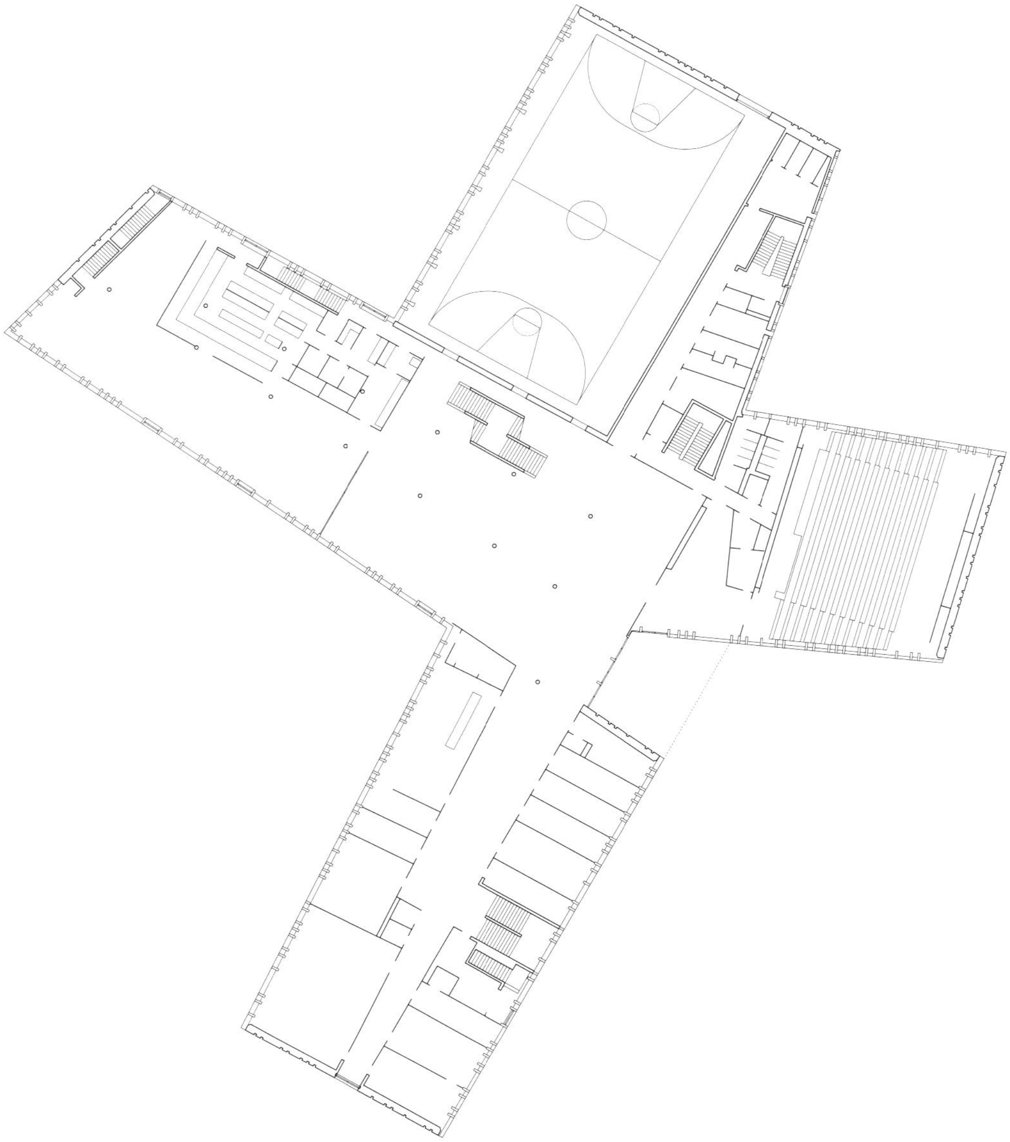

10 m

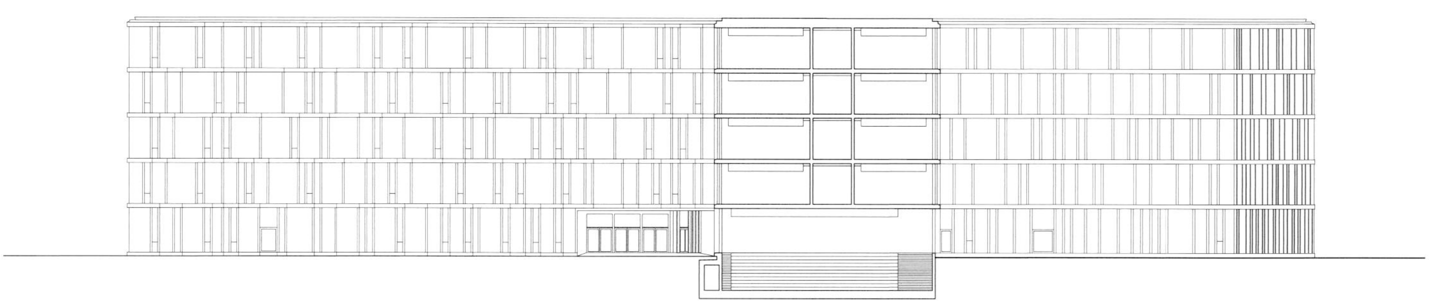

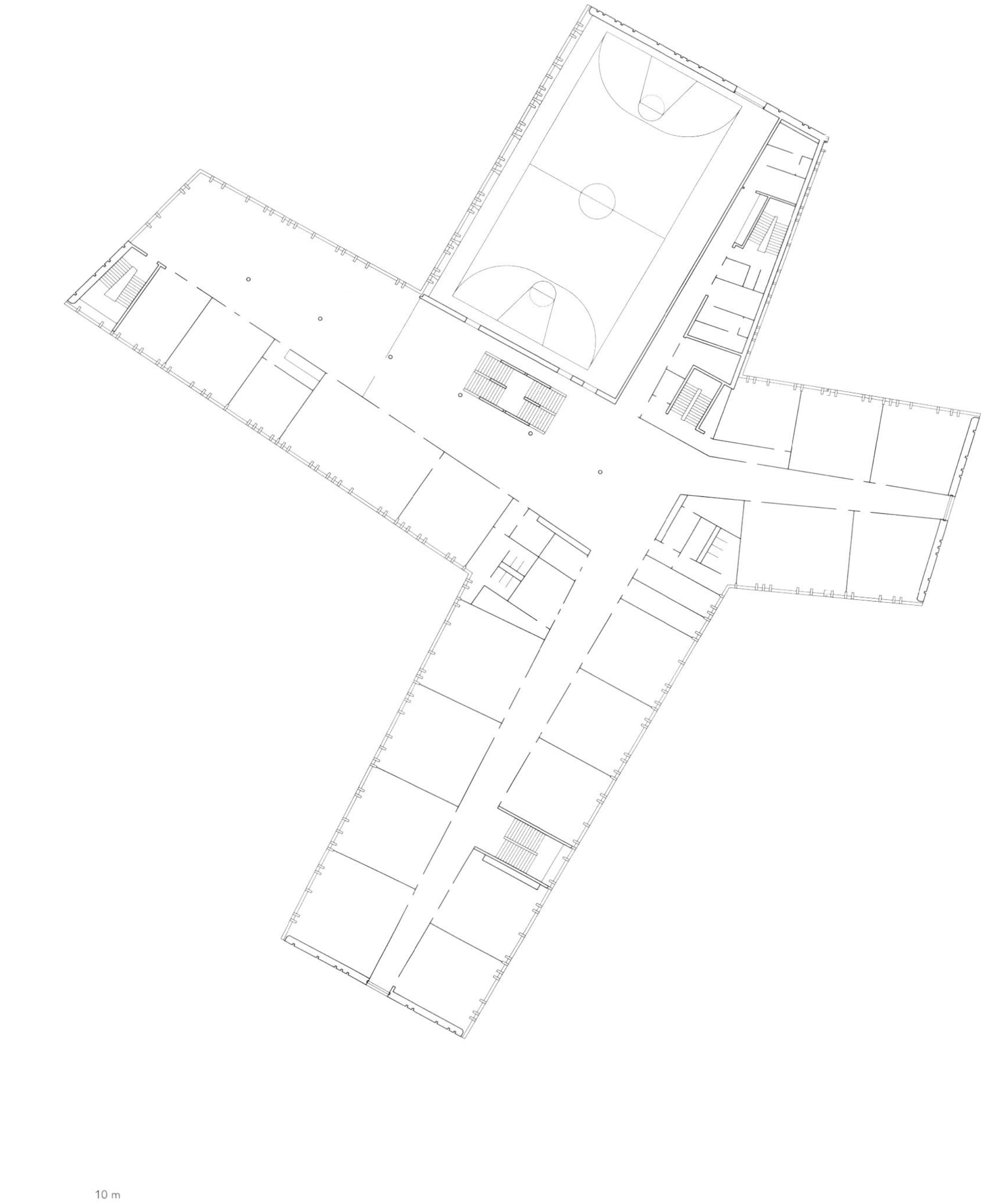
10 m

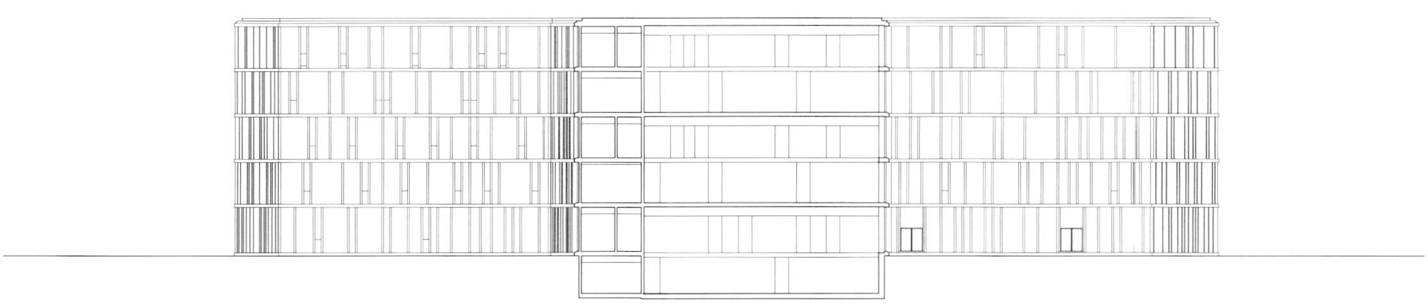

Wettbewerb: 2008, 1. Preis
Bauherrschaft: Kanton Waadt
Projekt: 2008–2012
Ausführung: 2012–2015
Ausführungsleitung: Tekhne, Lausanne
Bauingenieur: Conus & Bignens, Lausanne
Landschaftsarchitektur: Belandscape
Kunst am Bau: Camille Scherrer, Ollon; Anne Peverelli, Lausanne

Competition: 2008, 1st Prize
Client: Canton of Vaud
Project: 2008–2012
Construction: 2012–2015
Bulding management: Tekhne, Lausanne
Structural engineer: Conus & Bignens, Lausanne
Landscape architecture: Belandscape
Art in architecture: Camille Scherrer, Ollon; Anne Peverelli, Lausanne

Mitarbeiter / Collaborators:
Pascual Bernad, Christophe Berther, Laurence Boyé, Ludovic Durand, Patrick Flum, Carolina Faustino Ribeiro Da Silva, Amalia Jimenez, Olivier Matthey, Tiago Menino, Laurent Miranda, Frédéric Grillet, Nicolas Pailler, Adriano Reis, Rita Tadi

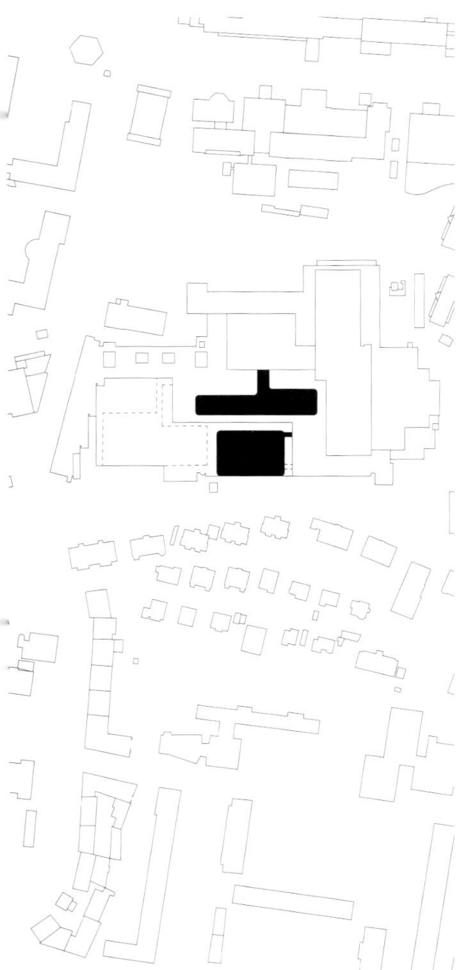

Erweiterungen des Universitätsspitals CHUV, Lausanne

Der Campus des Centre Hospitalier Universitaire Vaudois (CHUV) kann als *lebender Organismus* verstanden werden, der sich im Lauf der Zeit entsprechend der Anforderungen an einen Krankenhauskomplex entwickelt hat, indem zahlreiche Anbauten, Erweiterungen und Dependancen entstanden sind. In diesen Kontext eines Work in Progress haben sich auch die Erweiterung des Onkologiezentrums (Centre Coordonné d'oncologie, kurz CCO) sowie die Betriebskantine eingefügt.
In einem heterogenen Umfeld, das von der starken und strengen Präsenz des ursprünglichen Baukörpers geprägt ist, wurden die beiden Neubauten als veredelte Fortführungen des Bestehenden konzipiert. Die Gänge, die sie mit der Infrastruktur vor Ort verbinden, sind eine Art Nabelschnüre, die den logistischen Fluss, die Verlegung von Patienten und das Verlagern des Personals sicherstellen.
Die Reflexion über den Innenraum hat zu einer Humanisierung des Pflegeapparats geführt, wobei jedoch die technischen und normativen Belange des Krankenhausumfeldes berücksichtigt wurden, was besonders im Rahmen eines Onkologiezentrums angsteinflössend ist. Hier können sich der Patient und seine eventuellen Begleitpersonen dank der inneren Wegführung, die durch die abgerundeten Ecken flüssig verläuft und visuelle Fluchtpunkte nach draussen bietet, orientieren und zurechtfinden. Diese Verteilerräume werden durch grosse Innenhöfe auch mit ausreichend Tageslicht versorgt.
Der grosse Kantinenraum aus den 1970er Jahren musste neu konzipiert werden. Dies wurde vor allem durch eine neue Zwischendecke erreicht, die sich über den gesamten Raum erstreckt. Die elegante Rundung nimmt die gesamte Höhe der Fassade ein und erlaubt so einen besseren Einfall des Tageslichts, wobei auch der Panoramablick auf die Berglandschaft noch betont wird.
Die neuen Infrastrukturen bestehen aus einer Metallkonstruktion, die mit einer geradezu chirurgischen Präzision ganz sacht an die bestehenden Dächer andockt: Die Metallstützen ruhen auf den Doppelstützen aus Stahlbeton der existierenden Gebäude, so als wollten sie diese verlängern. Mit diesem Prinzip des *Aufpfropfens* werden die neuen Fassaden genauso behandelt wie die der ursprünglichen Bauten, das heisst Fensterbänder alternieren mit Bändern aus geschlossenen Flächen, eine unerbittliche horizontale Schichtung von grosser mathematischer Strenge.

CHUV University Hospital extensions, Lausanne

The Lausanne University Hospital complex could be considered a "living organism" that developed over time according to the needs of the facility, leading to an array of annexes, extensions and outbuildings. The extension of the Coordinated Centre of Oncology (CCO) and the staff restaurant were undertaken in this "work in progress" context.
In a heterogeneous environment distinguished by the strong and austere presence of the original buildings, the two new buildings are designed as transplants into the existing ones. The bridges that connect them to the infrastructure are akin to "umbilical cords" allowing logistical flows and the movement of patients and staff.
Reflection on the interiors led to a humanisation of the "treatment machine", while at the same time respecting the technical and normative constraints of the hospital setting, which is particularly anxiety-inducing in the oncology department. Here, patients and those who may be accompanying them are able to orientate themselves and find their way around with the help of interior circulation made fluid through rounded wall corners, offering scenic outdoor vistas. The corridors also benefit from the natural light of large patios.
For the restaurant, the aim was to redesign the large dining hall built in the 1970s. This was made possible principally through the construction of a new false ceiling that covers the full expanse of the space. Its elegant curve reaches up to roof height, enhancing the penetration of natural light and highlighting the panoramic view over the Alpine landscape.
The new infrastructure is composed of a metal frame delicately placed on the existing roofing with surgical precision: the metal columns are supported by the existing structure's double reinforced concrete pillars, almost as an extension of them. In this spirit of "grafting", the new façades are treated like those of the original building, with alternating strips of windows and solid bands, for a strong horizontal stratification with entirely mathematical dimensional precision.

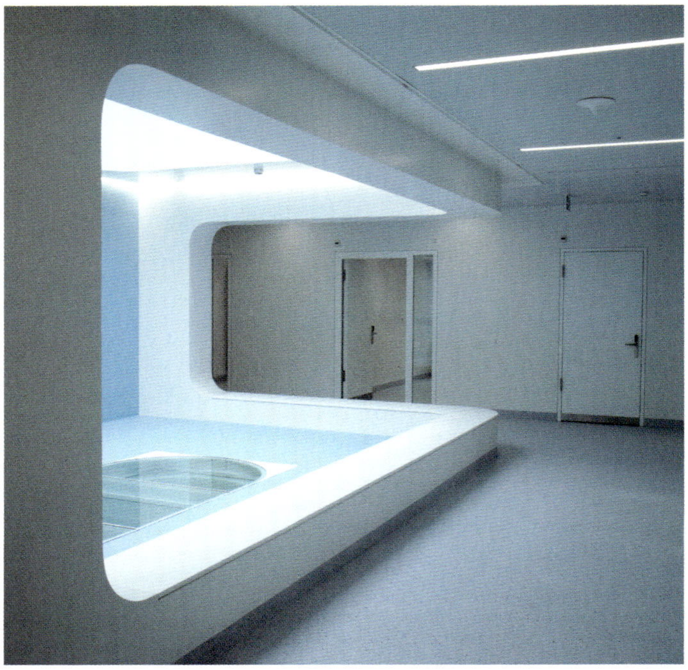

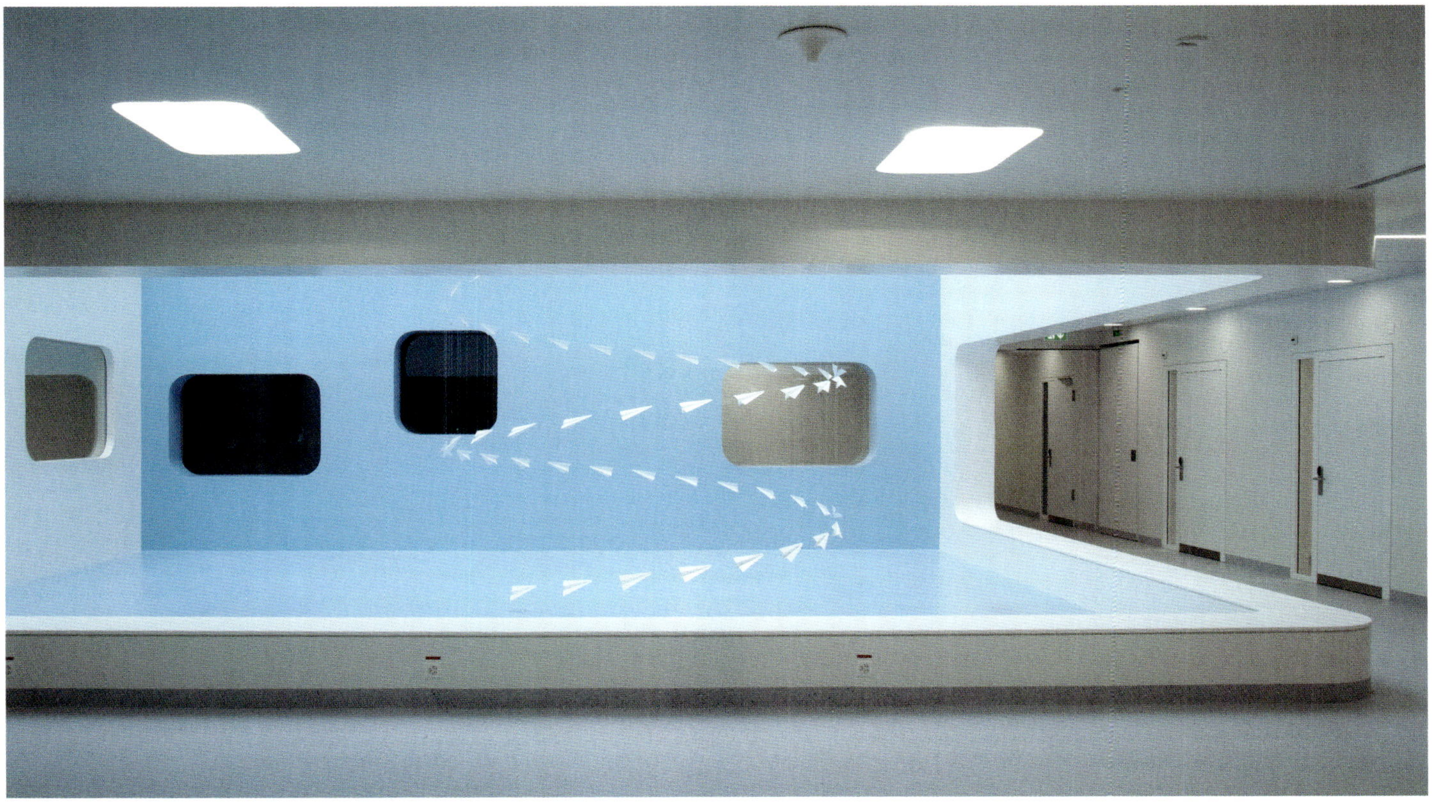

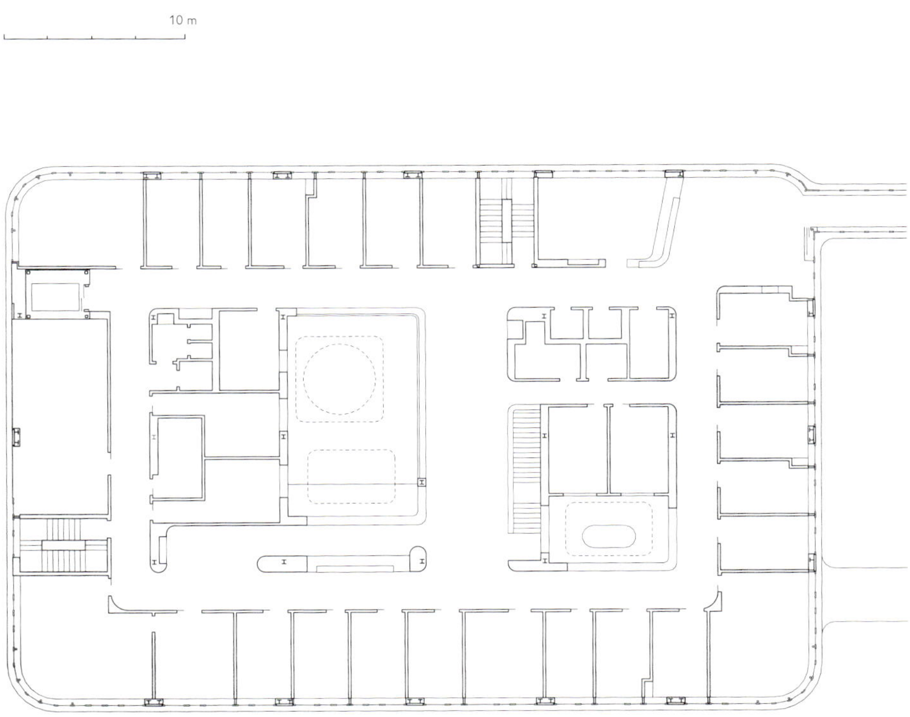
10 m

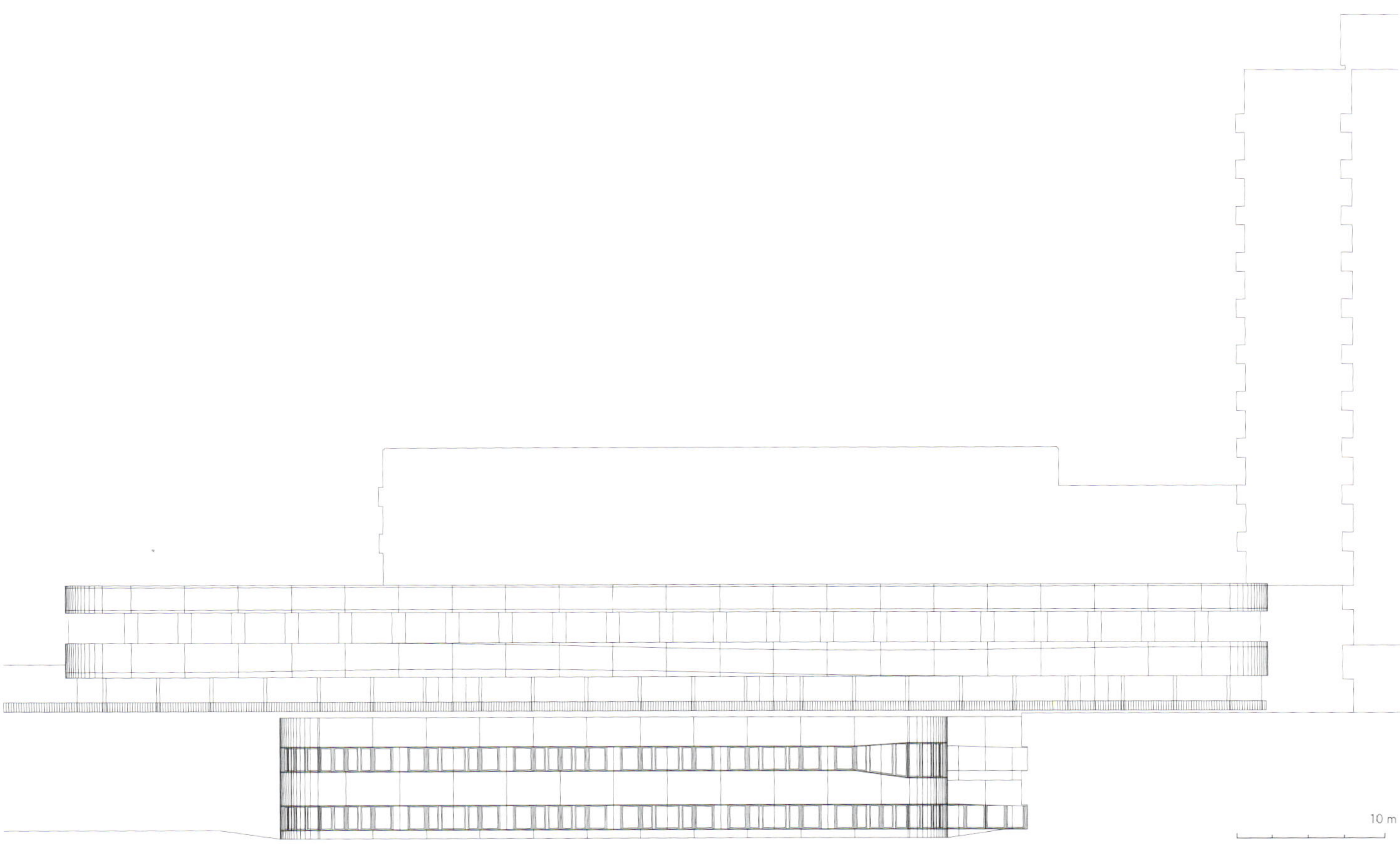
10 m

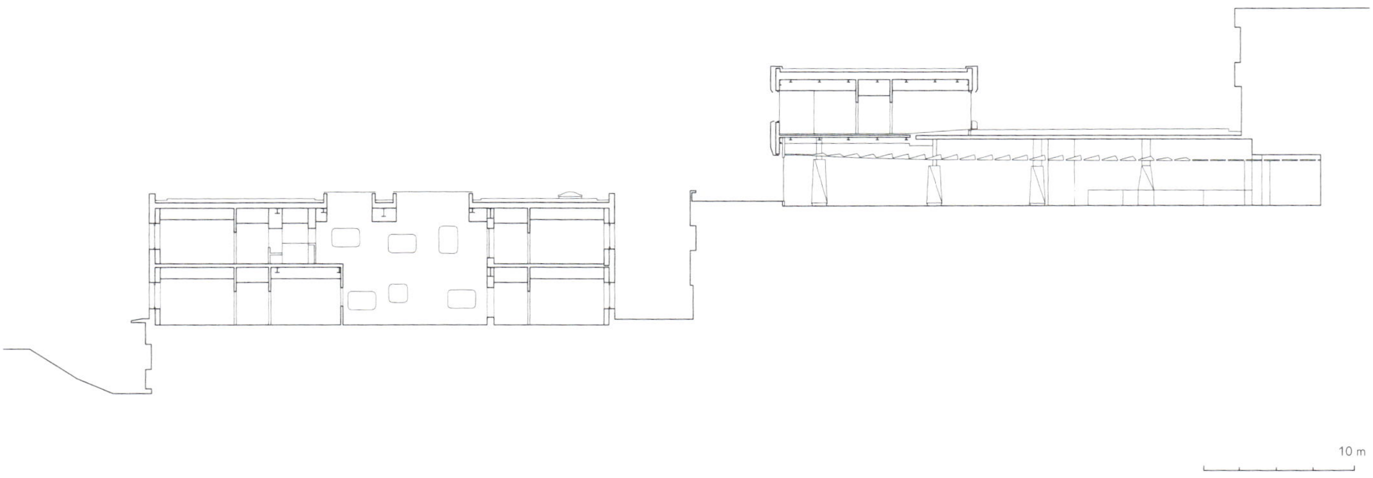
10 m

Wettbewerb: 2008, 1. Preis
Bauherrschaft: Kanton Wallis
Projekt: 2009–2012
Ausführung: 2012–2016, 2019
Ausführungsleitung: Cagna + Wenger, Sitten
Bauingenieur: Bisa, Siders
Kunst am Bau: Daniel Schlaepfer, Lausanne; Pierre Vadi, Genf

Competition: 2008, 1st Prize
Client: Canton of Valais
Project: 2009–2012
Construction: 2012–2016, 2019
Building management:
Cagna + Wenger, Sion
Structural engineer: Bisa, Sierre
Art in architecture: Daniel Schlaepfer, Lausanne; Pierre Vadi, Geneva

Mitarbeiter / Collaborators:
Laurent Miranda, Christophe Berther, Clara Caldeira, Patrick Flum, Amalia Jimenez, Boris Lalev, Lelio La Macchia, Sébastien Le Dortz, Julio Lopez Paredes, Linda Serra, Jean-Philippe Tournigand-Demilly

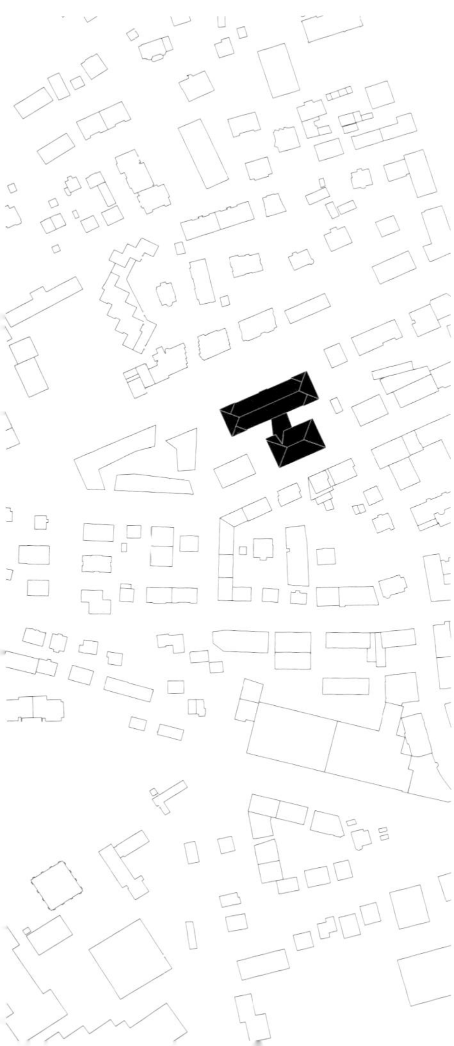

Mediathek des Wallis, Sitten

Auf dem Gelände des ehemaligen Militärarsenals der Stadt Sitten vereint das Projekt mehrere kantonale Kultureinrichtungen, vor allem die Mediathek des Wallis und das Staatsarchiv. Dieses Kultur- und Wissenschaftszentrum fördert den interdisziplinären Austausch und unterstützt Forschung, Ausbildung und Zusammenkünfte. Die Optimierung der Verwaltung und Konservierung des Walliser Erbes erfährt so ebenfalls eine Aufwertung. Das Zentrum ist für die Öffentlichkeit zentral zugänglich und versteht sich auch als ein Referenzort für Begegnungen zwischen Künstlern und Kulturschaffenden.

Das Gesamtkonzept sieht die Einbindung dieser neuen Funktionen vor, wobei jedoch die beiden bestehenden Gebäude, und zwar das 1895 von Joseph von Kalbermatten entworfene kantonale Arsenal im Norden des Geländes und das Bundesarsenal aus dem Jahr 1917, das diesem im Süden gegenüberliegt, erhalten bleiben und besonders zur Geltung gebracht werden. Die architektonische Herausforderung besteht hier darin, Gebäude von grosser kultureller Bedeutung in einem kohärenten und funktionalen Ensemble zu vereinen. Um dies zu erreichen, sind zwei Massnahmen vorgesehen: erstens ein vollständig unterirdischer Bau auf drei Ebenen, der einen Teil der Kantonsschätze beherbergt, und zweitens ein neues Verbindungsgebäude im Herzen des existierenden Komplexes, durch das die verschiedenen Ebenen der beiden Arsenale miteinander verbunden werden können.

Dieser letztgenannte Bau, der eine Verteilerfunktion hat, wird auch der Gemeinschaftsraum schlechthin, zu dem alle Wege und alle Blicke führen. Seine geknickte Form, die aus geraden dreieckigen Rauten besteht, ist eine Metapher für den Bergkristall, der im Inneren des Walliser Gebirges vorkommt. Das Innere dieses bescheidenen Baus ist völlig entmaterialisiert, nur einige von dem Künstler Daniel Schlaepfer inszenierte Lichtelemente akzentuieren den Weg. Seine Fassade aus hochglanzpolierten Edelstahlplatten reflektiert die Landschaft, den Himmel und die bestehenden Bauten und bietet so einen anderen Blick auf das geschichtsträchtige Erbe des Ortes.

Der Entwurf sieht im Herzen dieses qualitätsvollen alten Gebäudes einen modernen Eingriff vor, wobei jedoch trotz einiger struktureller Veränderungen – aus zwei Wänden wird eine Reihe von Stützen, wodurch für die tägliche Nutzung eine grössere Flexibilität erreicht wird – die historische Bausubstanz erhalten bleibt.

Valais Media Library, Sion

On the site of the former military arsenals of the City of Sion, the project gathers several of the canton's cultural organisations, in particular the Valais Media Library and the State Archives. This cultural and scientific hub promotes disciplinary exchanges and encourages research, training and encounters, thereby optimising the management and preservation of Valais heritage. It provides centralised accessibility for the public, and also seeks to be recognised as a meeting point between artists and cultural representatives.

The overarching concept has opted for the integration of these new functions, while conserving and showcasing the two existing buildings: the cantonal arsenal designed by Joseph de Kalbermatten in 1895, located to the north of the site, and the federal arsenal, built in 1917, located to the south. The main architectural challenge here consists of combining two buildings of high historical value into a coherent, functional whole. To do so, two interventions are planned: firstly, an entirely underground three-level construction to house part of the canton's treasures; and secondly, a new building at the heart of the existing structure that links together the different levels of the two arsenals.

This new space of reference, intended for circulation, also serves as a space of collectivity, through which everyone passes and towards which all eyes turn. Its folded shape, composed of flat triangular surfaces, is a metaphor of the rock crystal found in the surrounding mountains of Valais. The interior of this modest structure is highly dematerialised, punctuated by only a few shards of light, designed by the artist Daniel Schlaepfer. Its façade of polished stainless-steel panels reflects the landscape, sky and existing buildings, thus offering a constantly changing view of the site's historical essence.

At the heart of this longstanding structure of great quality, the project showcases the contemporary intervention, while preserving the historical substance with a handful of structural manipulations – two walls transformed into a line of columns that imbue its daily use with greater flexibility.

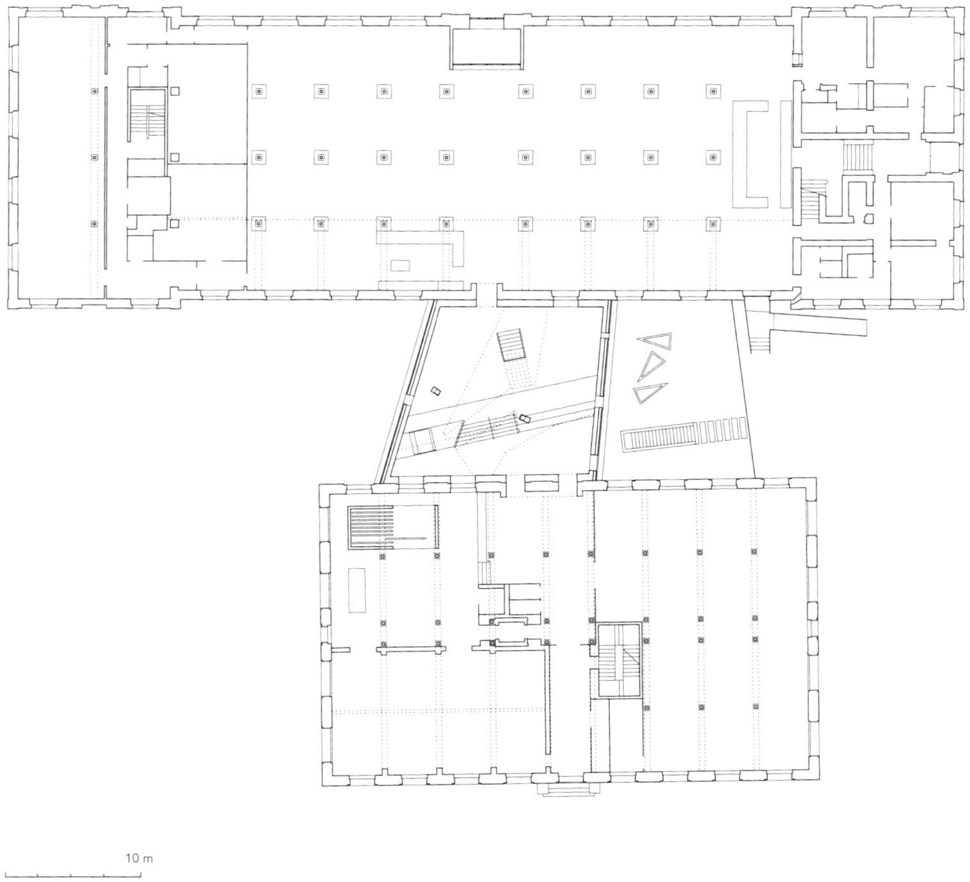
10 m

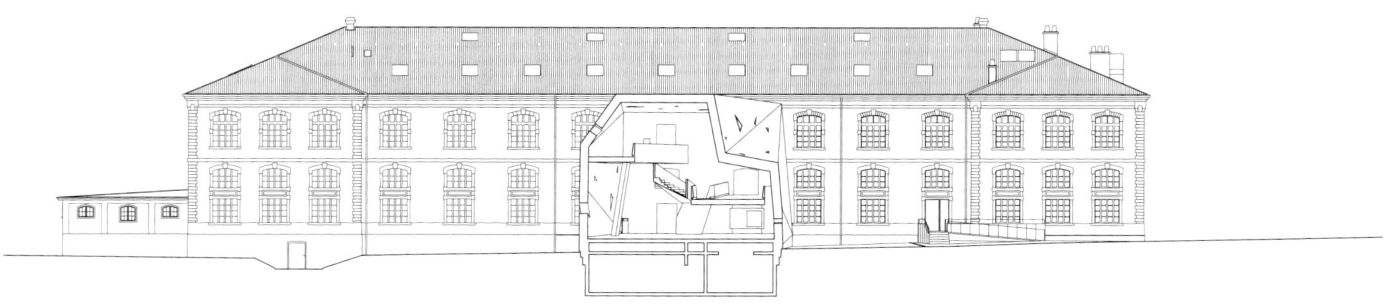

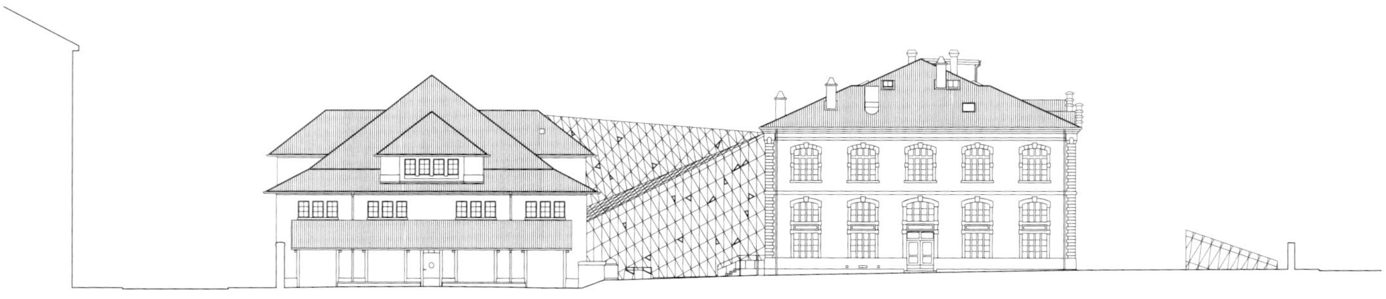

Unsichtbare Eingriffe

Zum Umgang von meier + associés architectes mit Bauten der Nachkriegsmoderne

Christoph Wieser

«Adieu», sagte der Fuchs. «Hier mein Geheimnis. Es ist ganz einfach: man sieht nur mit dem Herzen gut. Das Wesentliche ist für die Augen unsichtbar.»
«Das Wesentliche ist für die Augen unsichtbar», wiederholte der kleine Prinz, um es sich zu merken.[1]

In der ersten Monografie, die dem Werk von meier + associés architectes – maa – gewidmet ist, beschreibt Bruno Marchand die Suche nach Emotionen als wesentliches Ziel der Nachkriegsarchitektur.[2] Bereits Mitte der 1930er Jahre wurde diese Entwicklung eingeleitet, die als «aufgeklärter Funktionalismus» bezeichnet werden kann: Die Einbeziehung von Gefühls- und Stimmungswerten in die Architektur auf Basis einer rationalen Grundlage stellt eine wesentliche Bereicherung der Baukultur der Moderne dar.[3] Angestrebt wurde somit eine Synthese subjektiver und objektiver, emotionaler und verstandesorientierter Aspekte. Gemäss Jean-Marc Lamunière entstanden fortan Bauten, deren poetische Rationalität («rationalité poétique») eine erhellende, vielstimmigere Lesbarkeit ermöglicht.[4]
Dieses Zitat greift Marchand ebenfalls auf. Es verweist darauf, dass solche mehrdeutigen Entwürfe einen wichtigen Kontrapunkt zum seelenlosen Bauwirtschaftsfunktionalismus setzten, der sich in den Boomjahrzehnten nach dem Zweiten Weltkrieg rasant auszubreiten begann und wesentlich für das schlechte Image dieser Architektur in weiten Bevölkerungskreisen verantwortlich ist. Umso wichtiger ist es, dass die prägenden Bauten jener Zeit erhalten, sorgfältig gepflegt und weiterentwickelt werden.

Schlüsselfragen der Denkmalpflege
In den frühen 1990er Jahren begann sich Philippe Meier intensiv mit der Frage der Pflege des architektonischen Erbes der Moderne zu beschäftigen: Parallel zu dem Auftrag, einen kleinen, um 1950 am Ufer des Genfersees von Georges Addor erbauten Gartenpavillon zu ergänzen, recherchierte er auf theoretischer Ebene. Daraus entstand unter anderem der Artikel «Ruines du mouvement moderne», den er als Redaktor der Zeitschrift *Archimade* 1994 publizierte.[5] Seither haben sich meier + associés architectes immer wieder im kleineren Massstab und in den letzten Jahren vermehrt auch bei grösseren Gebäuden mit diesem anspruchsvollen Thema auseinandergesetzt. Es bereichert ihr Schaffen um eine stark an Bedeutung zunehmende Bauaufgabe.
Die damaligen Überlegungen bilden die Grundlage ihrer eigenen Haltung, die sich bei jedem Auftrag

Invisible interventions

Observations on maa's treatment of post-war Modernist buildings

Christoph Wieser

"Goodbye," said the fox. "And now here is my secret, a very simple secret. It is only with the heart that one can see rightly; what is essential is invisible to the eye."
"What is essential is invisible to the eye," the little prince repeated, so that he would be sure to remember.[1]

In the first monograph dedicated to the work of meier + associés architectes – maa – Bruno Marchand states that the primary goal of post-war architecture is the search for emotion.[2] This development already began in the mid 1930s. Its architectures could be described as "enlightened funcitonalism": the inclusion of sentimental and mood values in architecture based on rational methodology significantly enriched the building culture of Modernism.[3] The aim was thus a synthesis of subjective and objective – of emotional and rational – aspects. According to Jean-Marc Lamunière, from this point on buildings were constructed with a poetic rationality (*rationalité poétique*) that made an illuminative, polyphonic readability possible.[4]
Marchand also references this quotation. It indicates that such polyvalent designs set an important counterpoint to the soulless functionalism of the construction industry, which spread rapidly during the boom years after World War II and is principally responsible for the poor image that this type of architecture has among the general public. It is therefore all the more important to preserve, carefully maintain and develop those buildings that defined the period.

Key questions for monument preservation
In the early 1990s Philippe Meier began to engage intensively with the question of preserving the architectural legacy of the age of Modernism: parallel to his work on the extension of a small garden pavilion built around 1950 by Georges Addor on the banks of Lake Geneva, he began researching architectural preservation theory. The result was, among other things, an article entitled "Ruines du mouvement moderne", which he published in 1994 in the journal he edited, *Archimade*.[5] Since then, maa has repeatedly engaged with this challenging topic: initially the firm's interest was restricted to small-scale objects, but in recent years it has expanded its purview to encompass much larger buildings. Its work has thus expanded to include an increasingly important task of construction.
The deliberations of that period have formed the foundation for the firm's own approach, which, in every commission, becomes evident in its response to three core questions, among several

[1] Antoine de Saint-Exupéry, Der Kleine Prinz, Zürich o.J., S. 72. / Antoine de Saint-Exupéry, Katherine Woods (trans.), *The Little Prince*, Egmont, London (2017), p. 72
[2] Bruno Marchand, «Les émotions de la raison». In: Meier & associés architectes. Projets, réalisations 1990–1999, Lausanne 2000, S. / p. 7.
[3] Christoph Wieser, Erweiterung des Funktionalismus 1930–1950. Mit Beispielen aus der Schweiz und Schweden, Diss. EPFL, Lausanne 2005.
[4] Jean-Marc Lamunière, «Directions et limites de l'architecture rationelle en Suisse pendant les années trente». In: Isabelle Charollais, Bruno Marchand (Hg. / Eds.), Architecture de la raison. La Suisse des années vingt et trente, Lausanne 1991, S. / p. 16.
[5] Philippe Meier, «Ruines du mouvement moderne». In: Archimade, März / March 1994, S. / p. 14–17.

Philippe Meier, Ergänzung Gartenpavillon von Georges Addor / Extension to the garden pavilion by Georges Addor, Mies, Waadt / Vaud, 1994–1996

unter anderem in der Beantwortung von drei Kernfragen manifestiert: Inwiefern unterscheidet sich die Instandsetzung eines Gebäudes der Moderne von der eines älteren? Wie stark soll eingegriffen werden, so dass es notwendig und sinnvoll ist? Sollen die baulichen Massnahmen sichtbar sein oder im Bestand aufgehen?
Anhand von vier Projekten des Büros soll im Folgenden die Spannweite möglicher Lösungsansätze diskutiert werden. Die Reihenfolge verweist auf ein erklärtes Ziel von maa: Je hochwertiger der Bestand, desto zurückhaltender sollen die Interventionen sein, im Idealfall gar unsichtbar. Es handelt sich um die Erweiterung und den Umbau der Primarschule in Collombey-Muraz, die Fassadensanierungen des Naturhistorischen Museums in Genf und einer Villa in Cologny sowie die Renovierung des Wohngebäudes Miremont-le-Crêt in Genf.

Bewahren und Verändern, aber wie?
1931, zwei Jahre bevor die Mitglieder der CIAM die Charta von Athen verabschiedeten, wurden am selben Ort erstmals von Denkmalpflegern auf internationaler Ebene Prinzipien zum Umgang mit historisch wertvoller Bausubstanz festgelegt.[6] Beim zweiten Kongress von 1964 wurde das Thema aufgegriffen und systematisch in 16 Artikeln abgehandelt. Die Charta von Venedig ist nach wie vor gültig. Sie wurde jedoch im Lauf der Zeit von ICOMOS, dem internationalen Rat für Denkmäler und historische Stätten, um weitere Texte ergänzt.[7] Die «Leitsätze zur Denkmalpflege in der Schweiz», die letztmals 2007 von der Eidgenössischen Kommission für Denkmalpflege überarbeitet wurden, beruhen auf demselben Gedankengut.[8]
Die in den Chartas formulierten Ziele gelten für Gebäude jeden Alters. In der Praxis werfen Bauten des 20. Jahrhunderts jedoch spezifische Fragen auf. Die Unterschiede liegen vor allem in den Methoden und Techniken der Restaurierung. Denn Bauwerke der Moderne und Nachkriegsmoderne wurden oft auf eine begrenzte Lebensdauer ausgelegt und experimentell konstruiert.[9] Dazu gehört die Verwendung von neuen, künstlich hergestellten Materialien, über deren Alterungsprozess man noch nichts wusste. Etwa von Stahlbeton, bei dem die zu geringe Überdeckung der Eisen und die Karbonatisierung die Hauptprobleme sind. Aber auch der Umgang mit Eisen, Stahl und Glas stellt wachsende Herausforderungen dar. Kein Wunder, erachtet die 1990 gegründete Vereinigung Docomomo (Documentation and Conservation of buildings, sites and neighbourhoods of the Modern Movement) die Materialfrage als zentral.[10]

Primarschule in Collombey-Muraz
Die am Rand der Rhoneebene von Jean-Pierre Cahen und Albert Berrut Anfang der 1970er Jahre erbaute Schule ist bestes Beispiel für den innova-

others: what is the difference between restoration work performed on a modern building and that performed on an older one? What level of intervention is necessary and even useful? Should structural measures remain visible or should they blend in with the original substance of the building?
In the following discussion, four of the firm's projects will provide examples of the range of possible solutions. The sequence in which they are discussed reflects an explicit goal of maa: the higher the quality of the existing material, the more restrained the intervention should be, ideally even invisible. In this case, the projects concerned the expansion and transformation of the elementary school in Collombey-Muraz, the restoration of the façade of the Natural History Museum in Geneva and of a villa in Cologny, as well as the renovation of Miremont-le-Crêt, an apartment building in Geneva.

Preserve and change – but how?
In Athens in 1931, two years before the members of CIAM passed the Athens Charter, architectural conservationists from around the world laid out international principles for the treatment of historically valuable structures.[6] The topic was the focus of the Second Congress in 1964 and was systematically set down in 16 articles. The Venice Charter, as these articles are known, continues to be applied. However, over the years its text has been supplemented and amended by ICOMOS, the International Council on Monuments and Sites.[7] The "Guidelines for Architectural Conservation in Switzerland", which were last revised by the Federal Commission for Monument Preservation in 2007, are based on the same ideas and principles.[8]
The aims formulated in the two charters apply to buildings of any age. In practice, however, buildings from the 20th century raise quite specific questions. The differences particularly lie in the in the resotration methods and techniques. This is because Modernist buildings and those of post-war Modernism were often relatively short-term or experimental constructions.[9] This included the use of then new, artificially produced materials, which have aging processes that were unknown at the time. For example, the most common problems for reinforced concrete are inadequate coverage of the iron elements and carbonation. But the use of iron, steel and glass also presents an increasing number of challenges. It is no surprise that Docomomo (Documentation and Conservation of buildings, sites and neighbourhoods of the Modern Movement), founded in 1990, considers construction materials to be a key factor in discourse on preservation.[10]

Elementary school in Collombey-Muraz
On the edge of the Rhône plain and built by Jean-Pierre Cahen and Albert Berrut in the early 1970s, the school is an ideal example of the innovative

6 Michael Petzet, Denkmalpflege – Internationale Grundsätze in Theorie und Praxis (ICOMOS, Monumenta II), Berlin 2013, S. / p. 20.
7 Ebenda, S. / Ibid., p. 23.
8 Eidgenössische Kommission für Denkmalpflege, Leitsätze zur Denkmalpflege in der Schweiz, Zürich 2007.
9 Sherban Cantacuzino, «Principles of protection for the architecture of the Modern Movement». In: Hubert-Jan Henket, Wessel de Jonge, Conference Proceedings. First International DOCOMOMO Conference, September 12–15, 1990, Eindhoven 1991, S. / p. 32.
10 Catherine Lalumière, «Preface by the Secretary General of the Council of Europe». In: Hubert-Jan Henket, Wessel de Jonge, Conference Proceedings. First International DOCOMOMO Conference, September 12–15, 1990, Eindhoven 1991, S. / p. 6.

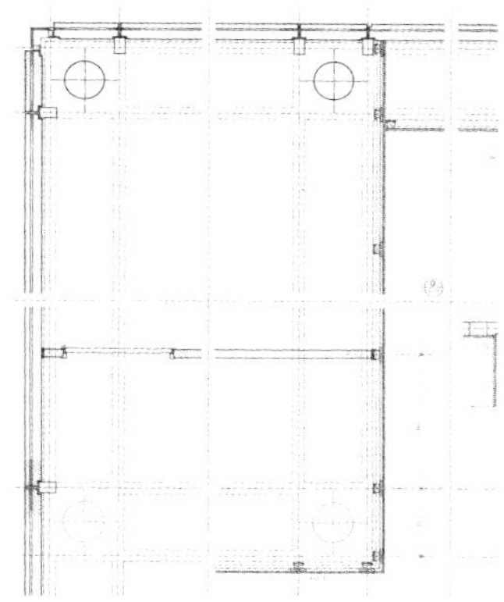

CROCS System, Beausobreschule, Struktur / CROCS system, Beausobre School, structure, Morges, Waadt / Vaud, 1971

tiven Geist der Nachkriegsmoderne: Sie basiert auf einem vom Centre de la rationalisation et d'organisation des constructions scolaires (CROCS) konzipierten Stahlbausystem. Das Gebäude befand sich noch weitgehend im Originalzustand, als maa den Auftrag zur Transformation und Erweiterung erhielten. Entsprechend ist das Gebäude im Inventar schützenswerter Bauten des Kantons Wallis aufgeführt.

In Anbetracht dringend benötigter Schulräume beschloss die Stadtverwaltung von Lausanne 1965 weitreichende Rationalisierungsmassnahmen. Sie betraute ein Team von vier Architekten (J. P. Cahen, J. Dumas, P. Vallotton, M. R. Weber), drei Bauingenieuren (J. P. Gonthier, J.-C. Piguet und J.-M. Yokoyama) und weiteren Spezialisten mit der Aufgabe, ein ebenso flexibles wie rasch montierbares Bausystem zu entwerfen.[11] In der Folge entstanden zahlreiche Schulhäuser vorwiegend im Raum Lausanne, aber auch in den Kantonen Bern, Luzern und Wallis.[12] Der grosse Erfolg hängt zweifellos damit zusammen, dass im Welschland die Vorfabrikation schon früh einen grossen Stellenwert einnahm,[13] das Projekt breit abgestützt war und das System ebenso einfach wie offen konzipiert ist.

Das Tragsystem besteht aus schlanken Stahlstützen im Abstand von 5,4 oder 7,8 Metern und feingliedrigen Fachwerkträgern von 45 Zentimetern Höhe. Die Deckenstärke misst insgesamt 60 Zentimeter; auch der Grundriss ist auf einem Raster von 60 Zentimetern aufgebaut.[14] Alle Innenwände in Form von geschosshohen, ausgedämmten Metallpaneelen und die Fassadenelemente sind nicht tragend ausgeführt. Somit sind räumliche Anpassungen jederzeit möglich, was auch meier + associés architectes nutzten: Die Grundrisseinteilung wurde unter Wiederverwendung der bestehenden Paneele auf die heutigen Anforderungen abgestimmt. Einzelne Gebrauchsspuren wie kleine Beulen zeugen davon, dass es sich um Originalbauteile handelt. Die Fassaden konnten leider nicht erhalten werden. Weil die ursprünglichen Elemente nur gerade 15 Zentimeter stark waren – was nicht einmal mehr der heute geforderten Dämmstärke entspricht –, mussten die Fassaden möglichst nahe am originalen Bild nachgebaut werden. Dank gleichgebliebener Materialisierung und sorgfältig konzipierter Details ist die Massnahme trotz deutlicher Zunahme des Fassadenquerschnitts geglückt.

Dieser Verlust an Originalsubstanz steht exemplarisch für den Konflikt zwischen Denkmalschutz und heutigen Komfort-, Nachhaltigkeits- und Sicherheitsansprüchen, der sich bei Bauten der Moderne und Nachkriegsmoderne akzentuiert: Die filigranen, wie hier unglaublich schlanken, materialsparenden Konstruktionen entsprechen in Vielem nicht mehr den aktuellen Normen. Die Frage nach Art und Mass der Veränderungen ist deshalb bei potentiellen Schutzobjekten entscheidend. Sie kann

spirit of post-war Modernism: it is based on a steel structure system designed by the Centre de la rationalisation et d'organisation des constructions scolaires (CROCS). When maa received the commission to transform and expand it, the building was the last of its type that remained in its original condition. Accordingly, the structure is preservation-listed by the Canton of Valais.

In 1965, in response to the urgent need for classrooms, the city administration of Lausanne implemented extensive rationalisation measures. It entrusted a team of four architects (J. P. Cahen, J. Dumas, P. Vallotton, M. R. Weber), three civil engineers (J. P. Gonthier, J.-C. Piguet and J.-M. Yokoyama) and a number of other specialists with the task of designing a flexible construction system that was also quick to assemble.[11] The result was the construction of numerous school buildings, principally in the Lausanne area, but also in the cantons of Bern, Lucerne and Valais.[12] The system's great success was certainly due to a number of factors, including the fact that pre-fabrication already occupied an important position in Romandy construction methods,[13] the project itself had received wide support and the system on which it was based was designed to be as simple as it was open.

The load-bearing system comprises narrow steel supports placed at intervals of 5.4 m or 7.8 m and 45 cm trussed girders. The ceiling is 60 cm thick in total and the layout is constructed on a 60 cm grid pattern.[14] All the interior walls are storey-high, insulated metal panels and the façade elements are non-load bearing. This means that spatial adjustments can be made at any time, an aspect that maa used in its work: the ground plan was adjusted to meet modern requirements and reused existing panels. Isolated signs of use, such as small dents, show that these are original components. Unfortunately, the façades could not be preserved. The original elements were only 15 cm thick – which no longer meets modern requirements – so the façades had to be reconstructed to match the original appearance as closely as possible. Unaltered materials and carefully designed details ensured the measure's success, despite the marked increase in the façade profile.

The loss of the original substance is a perfect example of the conflict between the preservation of historical buildings and modern demands for comfort, sustainability and security. It is a conflict that is accentuated in Modernist and post-war Modernist buildings. In many respects, the delicate and, in this present example, incredibly slender, material-saving constructions no longer meet current standards. The question of the type and extent of any alteration is therefore decisive when considering architectural objects for potential preservation measures. However, this is rarely a decision that can be made by the architect alone. Instead, it is

[11] Pierre Bussat, «Entwicklung einer Schulbaustudie für die Gemeinde Lausanne». In: Bauen + Wohnen, Heft 11, 1968, S. / p. 12.

[12] Etwa in Worblaufen (BE), Horw (LU) und neben Collombey-Muraz beispielsweise auch in Ollon (VS). Zu den Bauten in Lausanne siehe Bruno Marchand (Hg.), Architecture du canton de Vaud 1920–1975, PPUR, Lausanne, 2012, S. 61–62 und 232–233. / For example, in Worblaufen (Bern), Horw (Lucerne) and near Collombey-Muraz, as well as in Ollon (Vaud). Re. buildings in Lausanne, see: Bruno Marchand (Ed.), *Architecture du canton de Vaud 1920–1975, PPUR, Lausanne, 2012*, pp. 61–62 and 232–233.

[13] Ohne Autor / Anon., «Dokumentation und Information DIC». In: Bauen + Wohnen, Heft 11, 1968, S. / p. 10.

[14] Ohne Autor / Anon., «C.R.O.C.S.-Bausystem». In: Bauen + Wohnen, Heft 8, 1973, S. / p. 328.

J.-P. Cahen, Lausanne, A. Berrut, Monthey, Collombey-Muraz CROCS Schule / Collombey-Muraz CROCS school, 1971

meier + associés architectes mit / with Cagna+Wenger, Renovation Collombey-Muraz Schule / Collombey-Muraz school renovation, 2012–2017

jedoch oft nicht von den Architekten bestimmt werden, sondern ist das Resultat eines politischen und gesellschaftlichen Verhandlungsprozesses, einer Güterabwägung zwischen Substanzerhalt und Erneuerung. Selbstredend hat in der Charta von Venedig der physische Erhalt und die Bewahrung des geschichtlichen Zeugnisses bei einem Schutzobjekt höchste Priorität (Artikel 3).[15] Entsprechend steht immer die Pflege und Konservierung im Vordergrund. Erst wenn dies nicht mehr ausreicht, dürfen Restaurierungen ins Auge gefasst werden (Artikel 9).[16]

Der zunehmende Umfang des Eingriffs von rein erhaltenden zu erneuernden Massnahmen kann anhand von Begriffen verdeutlicht werden, die oft unpräzise verwendet werden. Grundsätzlich unterscheidet sich gemäss Michel Petzet die Instandhaltung – der Unterhalt – von der Instandsetzung, die vom Konservieren über das Restaurieren bis zum Renovieren reicht.[17] Während es beim Konservieren (lat. conservare) um das Bewahren und Erhalten der Originalsubstanz geht, werden bei der Restaurierung (lat. restaurare) einzelne Teile wiederhergestellt (gereinigt, geflickt, freigelegt), damit sich ein kohärenter Gesamteindruck ergibt. Eine Renovierung (lat. renovare) geht weiter, zielt sie doch «in besonderem Mass auf die ästhetische Einheit des Denkmals im Sinn eines ‹Wiederneumachens› der äusseren Erscheinung, der sichtbaren Oberfläche des Denkmals [...]» ab.[18]

Erweiterung als Dialog mit dem Bestand

Beim Projekt in Collombey-Muraz kamen alle Varianten zum Einsatz. Und noch etwas, das bislang nur am Rand erwähnt wurde: Neben der Ertüchtigung des Altbaus bedurfte es einer Erweiterung durch neue Schulräume. Maa beziehen sich dabei auf eine Forderung der Charta von Venedig: Neue Teile sollen sich harmonisch in das Ganze einfügen, aber vom Originalbestand deutlich unterscheiden (Artikel 12).[19] Die Kontrastierung als formales Prinzip ist eine Forderung der Moderne, die seit geraumer Zeit, beispielsweise von Anhängern der Analogen Architektur, in Frage gestellt wird. In Genf jedoch pflegen die führenden Architekten seit den 1930er Jahren über die Nachkriegszeit bis heute eine Vorliebe für den «internationalen, technisch-avancierten Stil».[20] In dieser spezifischen Tradition bewegen sich maa mit ihrer Arbeit. Sie entwickeln – nicht nur bei diesem Projekt – die modernen und nachmodernen Bauten in modernistischem Sinn weiter, indem sie mit den Mitteln von heute den neuen Teilen einen eleganten, zeitgenössischen Ausdruck geben.

In Collombey-Muraz äussert sich das in einem intensiven Dialog zwischen dem Alt- und dem Neubau. maa haben Themen wie die Sichtbarkeit der Struktur, die Präsenz der Stützen als Pilotis im Erdgeschoss, die glatte Ausführung der Oberflä-

the result of a process of political and social negotiation, in which the pros and cons of preservation and renewal are weighed up. Of course, the Venice Charter gives the highest priority to the preservation of historical evidence in an object subject to preservation measures (Article 3).[15] Accordingly, maintenance and conservation are always highlighted. Only when these measures are no longer sufficient may restoration measures be considered (Article 9).[16]

The increasing depth of intervention, moving from measures that aim simply to maintain to measures that aim to restore, can be seen in the terminology applied, but which frequently lacks precision. According to Michel Petzet, the fundamental difference lies between maintenance or upkeep on the one hand and repair on the other, which ranges from conservation through to restoration and renovation.[17] While conservation (Latin: conservare) concerns the retention and preservation of the original substance, restoration (Latin: restaurare) involves reproducing individual elements (cleaning, mending, exposing) to produce a more coherent overall impression of the original. Renovation (Latin: renovare) goes even further, aiming "in particular at the aesthetic unity of the monument in the sense of a process of 'making new again' of the external appearance, the visible surface of the monument."[18]

Extension as a dialogue with the existing architectural substance

A project in Collombey-Muraz brought all these variants into play – as well as something else that has been mentioned only in passing so far: in addition to the repair work to the substance of the old building, there was a clear need for an extension with new classrooms. In this, maa refer to a stipulation of the Venice Charter: new elements should harmonise with the whole, but they should also be clearly differentiated from the original substance (Article 12).[19] Contrast as a formal principle is a requirement of Modernism that has long been challenged, for example, by the disciples of Analogue Architecture. In Geneva, however, leading architects from the 1930s to the post-war period, through to the present day have nurtured a distinct preference for an "international, technologically advanced style".[20] This is the specific tradition in which maa has positioned itself through its portfolio. The firm is developing Modern and Post-Modern constructions further in a Modernist sense by giving the new elements an elegant, contemporary expression through the use of present-day materials and methods – and not in this project alone.

In Collombey-Muraz this is expressed in an intense dialogue between the old building and the new building. Maa has taken up such subjects as the visibility of the structure (the presence of pillars

15 Charta von Venedig, abgedruckt in / Venice Charter, reproduced in: Alex Langini et. al. (Hg. / Eds.), Internationale Grundsätze und Richtlinien der Denkmalpflege (ICOMOS, Monumenta I), Stuttgart 2012, S. / p. 47.

16 Ebenda, S. / Ibid., p. 49.

17 Für diese und folgende Angaben siehe / Here, and in the following, see: Michael Petzet, «Grundsätze der Denkmalpflege». In: ICOMOS, Nationalkomitee der Bundesrepublik Deutschland (Hg. / Ed.), Grundsätze der Denkmalpflege (ICOMOS, Hefte des Deutschen Nationalkomitees X), München 1992, S. / pp. 11ff.

18 Ebenda, S. / Ibid., p. 32.

19 Wie Charta von Venedig, abgedruckt in / See Charter of Venice, printed in: Alex Langini et. al. (Hg. / Ed.), Internationale Grundsätze und Richtlinien der Denkmalpflege (ICOMOS, Monumenta I), Stuttgart 2012, S. 49. / Cf. Fn. 15, p. 49

20 Axel Langer, «Miremont-le-Crêt». In: Anna Mesure et. al. (Hg. / Ed.), Schweiz. Architektur im 20. Jahrhundert, München, London, New York 1998, S. / p. 206.

meier + associés architectes mit / with Cagna+Wenger, Erweiterung Collombey-Muraz Schule / Collombey-Muraz school extension, 2012–2017

[21] Ohne Autor / Anon., «Wettbewerbe. Museum d'Histoire Naturelle in Genf». In: Schweizerische Bauzeitung, Heft 22, 31. Mai / May 1947, S. / p. 297.
[22] Ohne Autor / Anon., «Muséum d'histoire naturelle à Genève». In: Bulletin Technique de la Suisse Romande, Heft 3, 29. Januar / January 1949, S. / p. 29–36.

Raymond Tschudin mit / with Daniel Girardet, Naturhistorisches Museum / Museum d'histoire naturelle, Ausführung / construction 1964–1966

Steinbruch in Carrara / Quarry in Carrara, 2009

chen und Teile der Materialpalette übernommen, formal aber abgewandelt. So ist die Tragstruktur des Neubaus in Stahlbeton ausgeführt, wodurch sich die bestehende, nach heutigem Massstab allzu labile Konstruktion gewissermassen anlehnt und ausgesteift wird. Das orthogonale Raster des Systembaus wird mit schrägen Elementen kontrastiert, die Erweiterung hat aber ebenfalls einen durchgehenden Rhythmus. Indem sich Alt und Neu in verschiedener Hinsicht unterscheiden, volumetrisch aber eine Einheit bilden, entsteht ein beziehungsreiches Ganzes mit überraschend vielfältigen Innenräumen und formalen Bezügen.

Naturhistorisches Museum in Genf
Das Ensemble aus Ausstellungstrakt, Aula und Flügel für die wissenschaftlichen Sammlungen wurde 1966 von Raymond Tschudin unter Mitwirkung von Michel Girardet fertiggestellt. Grund für die Erneuerung der Gebäudehülle waren – wie so oft – die seit damals massiv gestiegenen energetischen Anforderungen. Auch hier konnten meier + associés architectes nur das Bild der originalen Natursteinfassade wiederherstellen, weil sich die direkt auf die Betonwand geklebten grossformatigen Marmorplatten nicht schadlos entfernen liessen. Solche bautechnischen Randbedingungen stellen häufig einschneidende Beschränkungen im Streben nach einer möglichst sanften Instandsetzung dar. maa gelingt es jedoch vorzüglich, die ursprüngliche Fassadengestaltung bis ins Detail mit heutigen Mitteln wieder aufleben zu lassen. Der Geist des eigenwilligen, im besten Sinn monumental wirkenden Projektes konnte beibehalten und subtil weiterentwickelt werden. So beim Eingang, wo sich die neue Drehtüre als Glaszylinder bestens in die von starken Formen geprägte Architektur einfügt.
Neben den konstruktiven und materialtechnologischen Experimenten gibt es eine weitere Eigenheit, die den Umgang mit Objekten der Moderne und darüber hinaus erschwert: Während sich ältere Bauwerke relativ einfach umnutzen lassen, sind präzise auf einen Zweck zugeschnittene Grundrisse deutlich unflexibler. Somit kann die Forderung des Funktionalismus nach massgeschneiderten Lösungen langfristig zu einem Problem werden. Nutzungserhaltung, respektive das Finden eines möglichst passenden Gebrauchs, ist deshalb ein entscheidender Erfolgsfaktor bei der Instandsetzung eines Gebäudes des 20. Jahrhunderts.
Beim Museum eröffnete sich dieses Spannungsfeld bereits in der langen Planungsphase: Während die Wettbewerbsprojekte von 1947 (erste Stufe, 6. Preis)[21] und 1948 (zweite Stufe, 1. Preis)[22] noch einen natürlich belichteten Ausstellungssaal vorsahen, wurde bei der Ausführung Mitte der 1960er Jahre eine Kunstlichtlösung samt Klimatisierung gefordert. Dennoch hielt Tschudin am ursprünglichen Konzept der Fassaden fest. Die grossen, in regel-

as pilotis on the ground floor), the influence of Mies van der Rohe in the formation of negative corners, the smooth execution of the surfaces and elements of the range of materials – but altered them in their formal aspects. Thus, the load-bearing structure of the new building has been executed in reinforced concrete, providing a kind of support and brace for the existing construction, which would be considered too unstable by today's standards. The orthogonal grid of the system building is contrasted by oblique elements, while the extension also has a consistent structural rhythm. Old and new are differentiated in a number of ways, yet volumetrically they form a single unit, thus creating a unity that is rich in connections and has surprisingly diverse interiors and formal references.

Museum d'histoire naturelle in Geneva
The ensemble of the exhibition wing, the auditorium and the wing for the research collections were completed in 1966 by Ramyond Tschudin and Michel Girardet. The reason for the bulding shell's renovation was – as is so often the case – the huge increase in energy requirements that had taken place since the date of its construction. Here, too, maa was only able to restore the image of the original natural stone façade, because the large-format marble panels that were fixed directly to the concrete wall could not be removed without causing damage. Structural conditions such as this frequently present decisive constraints on light-touch restoration. However, maa nevertheless achieved an excellent result, breathing new life into the very details of the original façade structure using modern methods. The spirit of the unconventional, monumental – in the best sense of the word – project was retained and subtly developed. An example of this is the entrance, where the new revolving door (presented as a glass cylinder) fits perfectly with the strong, geometric forms of the architecture.
In addition to the technical experiments with respect to structure and material, one further idiosyncratic aspect complicates the treatment of Modernist architectural objects and others. While older structures are relatively simple to use in a different way, ground plans that have been tailored to one specific purpose are considerably less flexible. Further complications are the huge increase in the use of building technology, which itself determines a great deal of the approach. This means that functionalism's insistence upon tailor-made solutions can become a problem in the long run. Maintenance of use, or the identification and implementation of a suitable use, is therefore a decisive factor in the successful restoration of a 20th-century building.
This area of conflict is already present in the long planning phase for the museum. While the competition projects of 1947 (first stage, 6th prize)[21]

mässigen Abständen gesetzten und nahezu quadratischen Öffnungen erhellen nun aber nicht mehr die Vitrinen und den Saal, sondern die schmale Servicezone hinter den Schaukästen. Der grosse Ausstellungsraum dagegen wird künstlich beleuchtet.
Die zwiebelartige Schichtung ist auch Thema der Fassaden: Während die rückwärtige Zone des Trakts für die wissenschaftlichen Sammlungen in Sichtbeton erscheint, sind die dem Park zugewandten Seiten mit weissem Carraramarmor belegt. Die hautartige Wirkung wird beim grossmassstäblichen Haupttrakt durch die bündig in die Fassaden eingesetzten Fenster und den unvermittelten Abschluss wenige Zentimeter über dem Terrain verstärkt. Wo nicht ein Oberlichtband die mit dunklerem Stein verkleidete Sockelzone vom Ausstellungskörper absetzt, so dass dieser schwebend leicht erscheint, übernimmt eine feine, wenige Zentimeter nach innen versetzte Fuge die Rolle der Zäsur. All diese Nuancen weisen auch die erneuerten Steinfassaden auf. Ebenso sind die Fensterrahmen, deren Masse beibehalten werden konnten, in demselben dunklen Aluminiumton gehalten und die Gläser schwarz, wie dies ursprünglich der Fall war. 13 Zentimeter stärker ist nun die Hülle, wobei zwölf Zentimeter auf die Dämmung entfallen. Spannend gelöst sind die Stellen, wo die Fassaden vom gläsernen Durchgang zur volumetrisch abgesetzten Aula unterbrochen werden: Wo sich früher die Dünnhäutigkeit der nur zwei Zentimeter starken Marmorplatten ablesen liess, verweist nun die körperhafte Ausbildung auf die hinzugekommene Dämmschicht.

Villa Jeanneret-Reverdin in Cologny

Der 1956 fertiggestellten Villa von Jean-Marc Lamunière und Pierre Bussat in Cologny bei Genf kommt im Werk des Architekten eine bedeutende Rolle zu: Einerseits ist sie in doppelter Hinsicht eine Hommage an Le Corbusier – architektonisch, aber auch wegen der engen verwandtschaftlichen Beziehung der Auftraggeber zum Meister (Robert Jeanneret war der Bruder von Pierre Jeanneret, dem Cousin und Partner Le Corbusiers).[23] Andererseits ist es vorerst das letzte Betongebäude, bevor sich Lamunière dem von Mies van der Rohe beeinflussten Stahlbau zuwandte.
In ihr zeigt sich aber auch das lebenslange Interesse an der Gebäudestruktur, die als räumliches Gerüst den Nutzungen einen übergeordneten Rahmen gibt. Gemäss Pierre Jacquet, damals Redaktor der Zeitschrift *Habitation*, verstanden es die Architekten mit diesem Haus zu beweisen, «dass der wahre Luxus in einer strengen Ökonomie der konstruktiven Mittel liegt».[24] Hinter der einheitlichen Form verbirgt sich ein komplexes Gebilde, das aus zwei unterschiedlich grossen, ineinander verschachtelten Wohnungen besteht. Beide verfügen über einen doppelgeschossigen Wohnraum

and 1948 (second stage, 1st prize)[22] still envisaged a naturally lit exhibition hall, the design of the mid-1960s presented an artificial light solution and air conditioning. Nevertheless, Tschudin stuck with the original design of the façades. However, the large, nearly square apertures placed at regular intervals now no longer illuminate the display cases and space in which they stood, but the narrow service area behind them instead. In contrast, the large exhibition hall is now artificially lit.
This onion-like layering is also a theme on the façades: while the rear area of the wing for the research collections is presented in facing concrete, the sides of the wing that face the park are panelled with white Carrara marble. The skin-like effect is emphasised in this large-scale main wing through the windows, which are set flush with the façades, and the way in which the "skin" ends abruptly just a few centimetres above the terrain. Where there is no skylight strip to make the pedestal zone, clad in dark stone, stand out from the exhibition space so that it appeaers weightless, a fine interstice set just a few centimetres in takes over the role of marking the spatial caesura. The restored stone façades also display all these nuances. Similarly, the window frames, the bulk of which could be retained, are kept in the same dark aluminium colour and the glass panes are black, just as the originals were. The shell is now 13 cm thicker, of which 12 cm are due to the insulation. There are fascinating solutions for the sections where the façades are interrupted by the glass passageway to the volumetrically off-set auditorium: where once the diaphanous thinness of the 2 cm-thick marble panels was clear to see, now the very physicality is evidence of the added insulating layer.

Villa Jeanneret-Reverdin in Cologny

The Villa Jeanneret-Reverdin, which was built in 1956 by Jean-Marc Lamunière and Pierre Bussat in Cologny near Geneva, has assumed a significant position in the work of the architect: on the one hand, it is a kind of double homage to Le Corbusier – architecturally, of course, but also because of the client's close family relationship to the master architect (Robert Jeanneret was the brother of Pierre Jeanneret, the cousin and partner of Le Corbusier).[23] On the other hand, it is the last concrete building completed by Lamunière before he turned to steel construction under the influence of Mies van der Rohe.
Yet it is also exemplary of a lifelong interest in building structure, which, as a spatial structure, provides the overarching framework for the building's use(s). According to Pierre Jacquet, who edited the journal *Habitation*, the architects believed, "that true luxury lies in a strict economy of the means of construction".[24] The coherent form concealed a complex structure comprising two apartments

[23] Ohne Autor / Anon., Villa à Cologny près de Genève. In: Das Werk, Heft 12, 1958, S. / p. 420.
[24] Philippe Meier, «Villa Jeanneret-Reverdin». In: Philippe Meier, Jean-Marc Lamunière. Architecte (FAS GE. Architectes du XXe siècle à Genève 3), Genf / Geneva 2007, S. / p. 24.

Jean-Marc Lamunière, Pierre Bussat, Villa Jeanneret-Reverdin, Cologny, 1955–1956

meier + associés architectes, Restaurierung / restoration, Villa Jeanneret-Reverdin, Cologny, 2006–2015

[25] Pierre Jacquet, «Quelques exemples de logements en ‹duplex›». In: Habitation, Heft 9, 1958, S. / p. 31.
[26] Philippe Meier, «Miremont-le-Crêt». In: Philippe Meier, Marc-Joseph Saugey. Architecte (FAS GE. Architectes du XXe siècle à Genève 4), Genf / Geneva 2012, S. / p. 40.
[27] Catherine Dumont d'Ayot, Marc J. Saugey. L'espace, la ville et les affaires, Diss. ETHZ, Zürich 2014, S. / p. 161.

Marc-Joseph Saugey, Wohngebäude «Miremont-le-Crêt», Genf / "Miremont-le-Crêt" housing, Geneva, 1953–1957

zur seeseitigen Aussicht und einen gemeinschaftlich genutzten Waschküchenbereich im Obergeschoss. Die Flächen sind nach heutigem Massstab nicht gross, dank der raffinierten Aufteilung aber räumlich attraktiv.
Die Restaurierung der Villa kommt, abgesehen von der Untersicht der eingezogenen Eingangspartie, ohne zusätzliche Wärmedämmung aus. Die innen und aussen ablesbare Sichtbetonstruktur hätte dies auch gar nicht ermöglicht, ohne dass der ursprüngliche Charakter verlorengegangen wäre. Bereits die im Lauf der Zeit gestrichenen Innenseiten der vorgeblendeten Balkonschicht zeigen im Vergleich mit den Fotos nach Bauvollendung, wie diese scheinbar geringfügige Massnahme die haptische und visuelle Wirkung verändert.
Umso wichtiger war für meier + associés architectes, den Stahlbeton nur zu säubern und auszubessern, weil damit die Patina erhalten werden konnte. Auch die geforderte Erhöhung des Balkongeländers übernimmt die ursprüngliche Architektursprache. Eine grössere Veränderung stellen die neuen Fenster dar: Die Rahmen sind wegen des deutlich höheren Gewichts der heutigen Verglasungen weniger filigran und vor allem nicht mehr aus unbehandeltem Holz,[25] sondern aus dunklem Metall. Der Materialwechsel kommt aber nicht von ungefähr. Nur aus Kostengründen wurde damals Holz und nicht Stahl gewählt, wie sich Philippe Meier an eine Bemerkung von Jean-Marc Lamunière erinnert. Insofern könnte die Massnahme der ursprünglichen Intention nahe kommen.

Wohngebäude «Miremont-le-Crêt»
Eine innovative Typologie zeichnet auch das hochrangigste Schutzobjekt der hier vorgestellten Bauten auf. Der langgestreckte, 1957 in Genf bezogene Wohnbau von Marc-Joseph Saugey gilt «als Wahrzeichen für das kollektive Wohnen der 1950er Jahre in der Schweiz», wie Philippe Meier in seiner Monografie zu Saugey schreibt.[26] Zudem verkörpert es exemplarisch die damalige Vorstellung des urbanen Lebens und war als Manifest einer neuen Wohnform gedacht.[27] Über der vertieften, zum Garten hin vollständig verglasten Eingangshalle sind sieben Geschosse angeordnet; diese werden über fünf Treppenhäuser erschlossen, die pro Geschoss vier unterschiedlich grosse Wohnungen bedienen. Gemeinsam ist ihnen die L-förmige Gruppierung der Räume um eine grosszügige Loggia. Dank der Verdrehung der Grundrisse um 30 respektive 60 Grad entstehen trotz einseitiger Orientierung sehr gut beleuchtete, viel Privatsphäre aufweisende Wohnungen. Dazu tragen die den Fassaden vorgeblendeten Aluminiumlamellen («pare-vues») bei, die als Sichtschutz dienen und trotzdem Licht ins Innere leiten.
Kennzeichnend für die Architektur ist die formale wie konstruktive Komposition unabhängiger, von-

of differing sizes that slotted together to form a whole. Both apartments comprise a two-storey living area with views over the lake and a communal laundry area in the upper storey. The surface area that each presents is not, by modern standards, particularly large. Nevertheless, the ingenious room division makes them spatially appealing.
The villa restoration forgoes any additional thermal insulation, aside from the view of the underside of the entrance section. The facing concrete structure, visible inside and outside, made such additional insulation impossible without losing the original character of the building. The inner sides of the screened balcony layer had been painted over the years and comparisons with photographs taken after the building was first completed clearly demonstrate the extent to which even this seemingly minor step alters the haptic and visual effect of the building.
So it was all the more important to maa that the reinforced concrete should only be cleaned and repaired to ensure the concrete patina's preservation. The newly poured side closure of the balcony on the north-east façade, which replaced the original element, is perfectly integrated into the whole. Even the necessary elevation of the balcony railing adopts the original architectural language. However, the new windows represent a more significant change: to cope with the considerably greater weight of modern window glass, the frames had to be much less delicate and, importantly, no longer made of untreated wood.[25] Instead, they are now made of dark metal. The change of material was no accident. Philippe Meier recalls a comment made by Jean-Marc Lamunière: at the time of construction, it was simply financial concerns that determined the choice of wood rather than steel. In that regard, the more recent measures may actually come close to the original architectural intentions.

"Miremont-le-Crêt" apartment building
An innovative typology is also demonstrated in the most highly listed building of the constructions presented here. The elongated apartment building constructed by Marc-Joseph Saugey in 1957 in Geneva is considered "a symbol of 1950s collective living in Switzerland", as Philippe Meier writes in his book on Saugey.[26] It also embodies the contemporary concept of urban living and was indeed intended as a manifesto for a new form of living.[27] Seven floors are arranged above the fully glazed, sunken entrance hall; they are accessed via five staircases, which service four apartments of varying size per storey. Their common aspect is the L-shaped room arrangement around a spacious loggia. The apartments' floor plans are offset at 30° and 60°, which means that, although they are all orientated towards the same direction, each presents an environment of well-lit privacy. This

einander klar unterscheidbarer Teile zu einer vielfältigen und entspannten Einheit. Die scharfkantige, feingliedrige Materialisierung in Glas, Drahtglas, Aluminium, Stahl, Holz, Beton, Kunststein, Eternit und Linoleum ist ebenso zeittypisch wie die kontrastreiche Farbgebung. Wie kann ein solches Gebäude, ein Gesamtkunstwerk, das überdies Fresken an der Gartenmauer von Louis Bongard und Bilder beim Eingangsbereich von Eric Hermès einschliesst, restauriert werden?
Erklärtes Ziel von meier + associés architectes war, so viel Originalsubstanz zu erhalten wie möglich. Dazu gehörte – wie immer – als erster Schritt eine intensive Recherche zum Objekt und dessen Geschichte.[28] Dies geschah zeitgleich zur Erarbeitung der bereits erwähnten Monografie. Zudem konnten sich maa auf die Dokumente im Archiv Saugey stützen sowie auf die Mitarbeit von Oleg Calame, der die Originalpläne aufgearbeitet hat.
Dann bedurfte es einer präzisen Planung, viel technischem Know-how und einer grossen Hartnäckigkeit gegenüber den Behörden, damit die gängigen Normen nicht überall durchgesetzt werden mussten. So konnte beispielsweise der zu geringe Dämmwert der Fassaden mit einer Überdämmung der Dachfläche und einer Schicht auf der Deckenunterseite der Eingangshalle kompensiert werden, die nur im Aussenbereich sichtbar ist, im Inneren dagegen unter der originalen abgehängten Decke verschwindet. Die «pare-vues» wurden nur gereinigt; die vorfabrizierten Betonbrüstungen ausgebessert. Sogar die bestehenden Fensterrahmen konnten erhalten werden, weil dank einer Folie zwischen den Gläsern die neuen Isolierverglasungen leichter als Dreifachverglasungen sind, den U-Wert aber dennoch erreichen. Die Flügelrahmen hingegen mussten wegen der grösseren Einbautiefe und des höheren Gewichts der neuen Teile ebenso ersetzt werden wie die Eternitplatten im Brüstungsbereich der Balkonöffnungen.
Mit viel Liebe zum Detail ermöglicht die Restaurierung von meier + associés architectes das weitere Bestehen dieser einmaligen Architektur in grösstmöglicher Authentizität. Wurden somit alle denkmalpflegerischen Anliegen erfüllt? Giulia Marino, die an der EPFL zu diesem Thema doziert und forscht, schreibt: «Nicht vollständig. Davon zeugt schon die Verwendung von Hightech-Scheiben, die zwar thermisch hoch leistungsfähig sind, deren leicht bläuliche Färbung jedoch das kritische Auge stört.»[29] – Fazit: Das von maa verfolgte Ideal einer vollständigen Unsichtbarkeit der Eingriffe bleibt bei schützenswerten Bauten ein Ideal, das angestrebt werden sollte, wohl aber nie komplett erreicht werden kann.

is supported by the slatted aluminium grilles ("pare-vues") across the façades, which serve as a screen but still direct light to the apartment interior.
A characteristic of architecture is the formal and constructive composition of independent, clearly differentiated elements into a maultifaceted, serene unity. The sharp-edged, finely structured realisation in glass, armoured glass, aluminium, steel, wood, concrete, artificial stone, Eternit and linoleum is just as typical of the period as the highly contrastive colour palette. How can a building such as this, a "Gesamtkunstwerk" that also includes frescoes by Louis Bongard on the garden wall and images by Eric Hermès in the entrance area be restored?
The declared aim of maa was to retain as much of the original substance as possible. This included – as always – an initial step of intensive research on the restoration object and its history.[28] It was undertaken as part of the work on the Meier's monograph publication on Saugey, mentioned above, simultaneously with the restoration commission. In addition, maa was able to refer to documents in the Saugey Archive and to the firm's collaboration with Oleg Calame, who had drawn up the original plans.
The next stage required precise planning, much technical know-how and a great deal of persistence when dealing with the authorities to ensure that current standards did not have to be applied everywhere. For example, the excessively low insulation value of the façades could be compensated by over-insulating the roof surface and applying a layer to the underside of the ceiling in the entrance hall. It is only visible in the outside area, but in the interior it completely disappears beneath the original suspended ceiling. The "pare-vues" were simply cleaned, the pre-fabricated concrete balustrades only mended. Even the existing window frames were retained because, thanks to a foil between the glass panes, the new double-glazing is lighter than triple glazing while still achieving the same U-value. However, the window sashes did have to be replaced due to the greater installation depth and weight of the new parts, as did the Eternit panels in the balustrade areas of the balcony apertures.
Restoration work by maa is carried out with loving attention to detail, thereby ensuring the continued existence of this unique piece of architecture to the highest degree of authenticity. Did this fulfil all conservational requirements? Giulia Marino, who lectures and researches on this topic at the EPFL, writes: "Not entirely. Evidence for this is provided by the use of high-tech panels, which are certainly highly thermally efficient, but their slight bluish colouring irritates the critical eye."[29] – In summary: the ideal of complete intervention invisibility that is pursued by maa remains an ideal for structures that deserve protection, one that is worth striving for, but which can never be fully achieved.

[28] Patrick Devanthéry, Inès Lamunière, «Sauvegarder Miremont-le-Crêt?». In: Pierre Baertschi, Miremont-le-Crêt (1956–1957). Patrimoine architectural du XXe siècle, Genf / Geneva, Heft / Vol. 9, Mai / May 2000, S. / pp. 10–28.
[29] Giulia Marino, «Kampf um Millimeter. Renovation der Wohnhäuser Miremont-le-Crêt in Genf von Marc-Joseph Saugey durch meier + associés architectes und Oleg Calame». In: werk, bauen + wohnen, Heft 1/2, 2016, S. / p. 41.

meier + associés architectes, mit / with Oleg Calame, Restaurierung Wohngebäude «Miremont-le-Crêt», Genf / Restoration, "Miremont-le-Crêt" housing, Geneva, 2011–2015

Restaurierung des Wohnhauses «Miremont-le-Crêt», Genf

Restoration of apartment building "Miremont-le-Crêt", Geneva

Wettbewerb: 2011, 1. Preis
Bauherrschaft: privat
Projekt: 2011–2013
Ausführung: 2014–2016, 2019
Partner: Atelier Oleg Calame, Genf
Bauingenieur: ab ingénieurs, Genf

Competition: 2011, 1st Prize
Client: private
Project: 2011–2013
Construction: 2014–2016, 2019
Partners: Atelier Oleg Calame, Geneva
Structural engineer: ab ingénieurs, Geneva

Mitarbeiter / Collaborators:
Laurence Boyé, Arnaud Mottet, Istabrak Bellara, Teresa Blanco, Nicolas Dubois, Philippe Gosteli, Stéfane Goux, Julio Lopez, Simon Marti, Antonio Martin Prieto, Mathieu Meyer, Adeline Streel, Marie Veillet

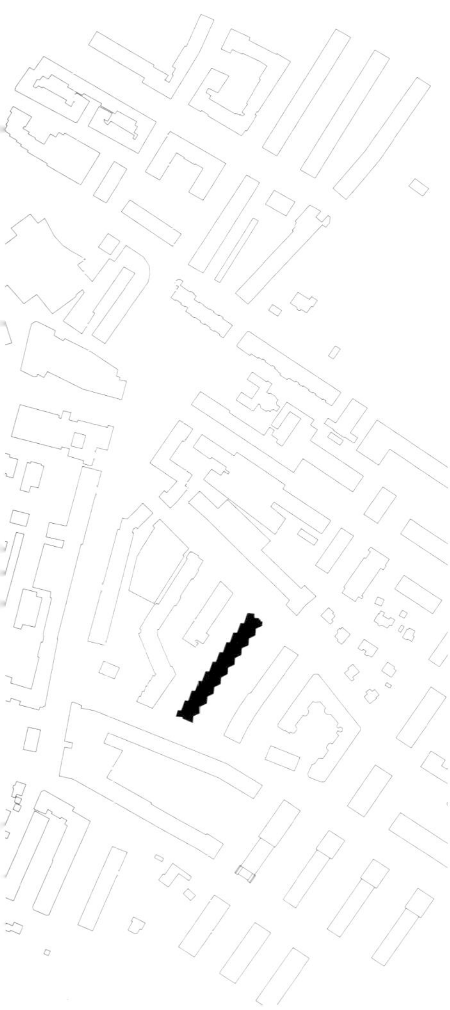

Das von dem Genfer Architekten Marc-Joseph Saugey zwischen 1953 und 1957 geplante und realisierte Apartmentgebäude ist eines der manifestesten Beispiele für die typologische und formale Invention im Bereich des kollektiven Wohnungsbaus in der Schweiz. Diese Ikone der Nachkriegsmoderne, die seit ihrer Entstehung wiederholt in der ganzen Welt veröffentlicht wurde, wurde 2001 von den kantonalen Behörden als architektonisches Kulturerbe klassifiziert. Zehn Jahre später, als ein Wettbewerb für ihre Restaurierung ausgeschrieben wurde, hatte die Gebäudehülle, abgesehen von der üblichen Wartung, keine grösseren Renovierungen erfahren. Folglich bezog sich die Reflexion über die zu treffenden Massnahmen auf ein intaktes, originalgetreu überliefertes Gebäude der 1950er Jahre.

Eine gelungene Restaurierung hängt ebenso von der Vorbereitung und der Konzeption der Details wie auch von der historischen Gebäudekenntnis ab. Da sich der Zugang zu den Archiven sehr leicht gestaltete, konnte man durch den Vergleich zwischen den Ausführungsplänen und der Bauaufnahme vor Ort wertvolle Erkenntnisse gewinnen. Allgemein gelangte man zu der Feststellung, dass man sich bei der Ausführung ziemlich genau an die auf den alten Pausen gefundenen Entwürfe gehalten hat.

Bei dem Projekt der Renovierung hat man die sehr fein ausgeführten Details wieder aufgenommen, dabei jedoch die neuen energetischen Komfortnormen berücksichtigt. Der Eingriff war minimalistisch und erfolgte unter Wahrung des Geistes von Saugey, indem man überall dort, wo es möglich war, die bestehende Substanz erhalten hat. So etwa wurden die zierlichen Einbaufensterrahmen aus Holz im Inneren bewahrt, aussen indes um einige Millimeter vergrössert, damit man spezielle Glasscheiben mit hoher Isolierfunktion einsetzen konnte, die aber dennoch leicht genug für das sie tragende ursprüngliche Rahmenwerk waren. Nur die Fensterflügel und die Verkleidungen wurden identisch nachgebaut. Selbst die vorgefertigten Platten aus Marmorbeton der Loggien oder auch die berühmten «Sichtschutzblenden» wurden so behandelt, dass man ihre Substanz erhalten konnte. Schliesslich hat man auch die gesamte Kolorimetrie sorgfältig analysiert und entsprechend dem damaligen Kanon nachgebildet.

Zur Verbesserung der von der geltenden Gesetzgebung geforderten technischen Leistung hat man das Dach optimal isoliert und mit Solarzellen ausgestattet, wobei jedoch das subtile Profil der Attika gewahrt wurde.

The apartment building designed and built by Genevan architecture Marc-Joseph Saugey between 1953 and 1957 is one of the most remarkable examples of typological and formal inventiveness in Switzerland in the realm of collective housing. An iconic example of post-war modernity that was extensively covered worldwide upon its completion, it was listed as architectural heritage by cantonal authorities in 2001. Ten years later, at the time of the launch of the competition for its rehabilitation, its envelope had not undergone any major renovation measures beyond normal maintenance. Reflection on the intervention thus had to take into account an intact historical building from the 1950s.

A successful renovation is contingent on both the preparation and conception of details, as well as historical knowledge of the building. Easy access to archives allowed precious information to be gathered by comparing the execution plans with the in-situ plan. Overall, it was found that the construction had quite scrupulously mirrored the drawings on the old sheets of tracing paper.

The rehabilitation project thus preserved the details executed with great finesse, while taking into account new energy standards. The intervention was minimalist, respecting Saugey's spirit and maintaining the existing substance wherever possible. To this end, the fine fixed woodwork was preserved on the interior side and enlarged by a few millimetres on the exterior to insert special, highly insulating glass that is light enough for the original support and crosspiece to bear it. The opening parts and exterior boards alone were faithfully reproduced. Likewise, the prefabricated marble-concrete panels of the loggias, as well as the famous "sunshades", were treated to retain their original substance. Lastly, a full analysis of the colorimetry was undertaken for reproduction based on the models of the time.

To improve technical performance with respect to current legislation, the roofing was ideally insulated and now bears solar panels, while preserving the parapet's delicate lines.

ECOLE
40

5 m

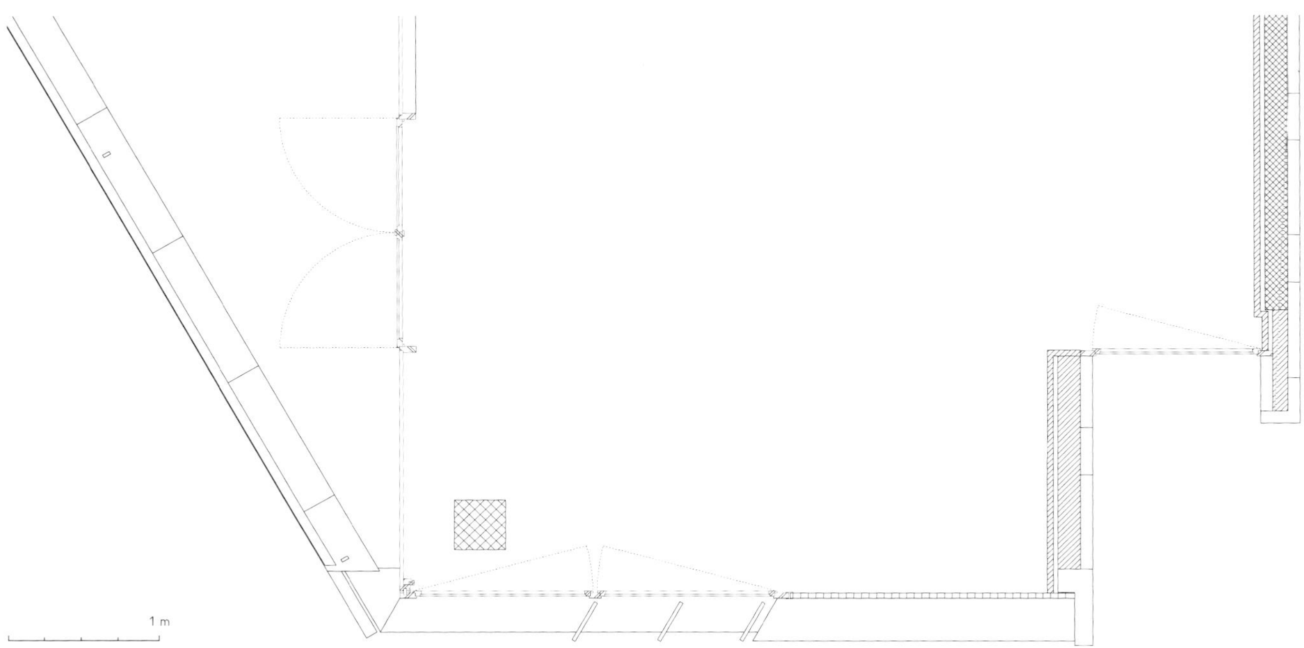
1 m

Restaurierung des Naturhistorischen Museums, Genf

Restoration of the Natural History Museum, Geneva

Wettbewerb: 2005, 1. Preis
Bauherrschaft: Gemeinde Genf
Projekt: 2005–2008
Ausführung: 2009–2012
Ausführungsleitung (2011–2012): Architech, Genf
Bauingenieur: Urner & associés, Genf

Competition: 2005, 1st Prize
Client: Municipality of Geneva
Project: 2005–2008
Construction: 2009–2012
Building management (2011–2012): Architech, Geneva
Structural engineer: Urner & associés, Geneva

Mitarbeiter / Collaborators:
Ana-Inès Pepermans, Frédéric Grillet, Lelio La Macchia, Catherine Martinie, Raphaël Niogret

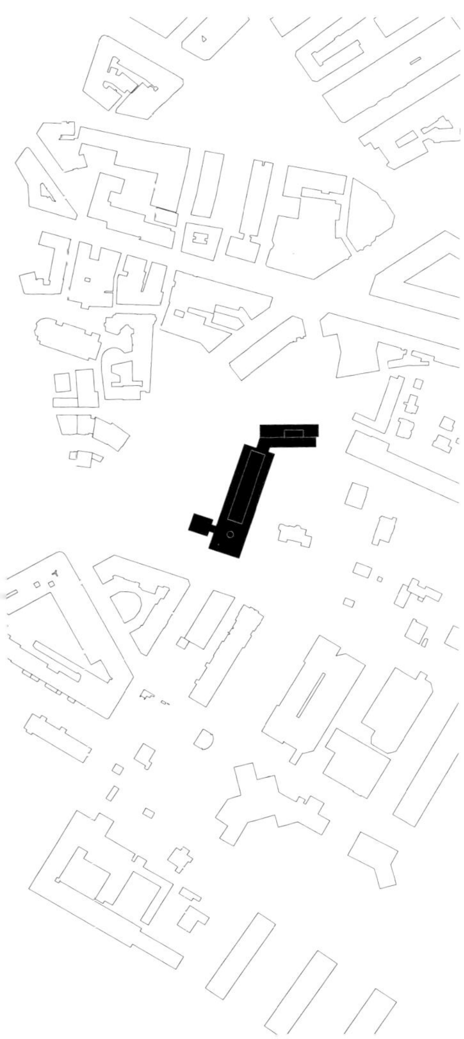

Das in den 1960er Jahren erbaute Naturhistorische Museum von Genf weist eine für seine Zeit ziemlich atypische Architektursprache auf, weshalb das Hauptinteresse auf seiner Erhaltung lag. Sein damals 26-jähriger Erbauer Raymond Tschudin, ein in Basel ansässiger Genfer Architekt, belegt 1948 in einem im Vorjahr ausgeschriebenen Wettbewerb den zweiten Platz. Nach vielen Jahren der Ungewissheit wird 1960 beim Tiefbauamt die Baugenehmigung erteilt, so dass der Entwurf 1965/66 schliesslich in Zusammenarbeit mit dem Architekten Michel Girardet ausgeführt werden kann.
Um die Jahrhundertwende betrachten es die kommunalen Behörden für notwendig, das Gebäude in die Liste des architektonischen Kulturerbes aufzunehmen und die vollständige Instandsetzung der Fassaden in Erwägung zu ziehen, sowohl wegen der Überalterung des zu dünnen Marmors als auch wegen der thermischen Problematik der Gebäudehülle.
Im Fall dieses Museums ist wie bei den meisten Objekten der Moderne die Erhaltung der Substanz – historische Wirklichkeit des Materials – problematisch, da das verwendete Material nicht auf Nachhaltigkeit angelegt war oder – noch häufiger – da die damals eingesetzte Technik nicht den Rückstoss hatte, wie sie ihn heute hat. Es musste also eine Austauschmassnahme erfolgen, wobei das heutige Material nur eine Kohärenz zur Vorgehensweise der damaligen Zeit vermittelt. Hier hängt der Begriff der *Authentizität* stärker damit zusammen, den Geist der ursprünglichen Konzeption zu würdigen, als mit einer ideologischen Frage des Verhältnisses zwischen Restaurierungsprojekt und Substanz.
Unter strenger Berücksichtigung und Wahrung des Bauwerks erlaubte das Ersetzen der Gebäudehülle die Einführung neuer Techniken, in diesem Fall die Verblendung mit weissem Carraramarmor, so dass eine hinterlüftete Fassade entsteht, bei der nur die tragende Wand verkleidet wird. Die ursprüngliche Verlegung wurde mit einigen Grössenanpassungen gewahrt, so dass die thermischen Werte erreicht werden können, die man in dem Bewusstsein um Nachhaltigkeit berücksichtigten sollte.

Built in the 1960s, the Natural History Museum of Geneva illustrates an architectural language that was somewhat atypical for its era, hence the major concern for its preservation. In 1948, at the age of 26, its author, Raymond Tschudin, an architect from Geneva living in Basel, won the second stage of a competition launched the previous year. It took several years, but the Department of Public Works granted authorisation in 1960 and the project was ultimately carried out in 1965–1966 in cooperation with the architect Michel Girardet.
At the turn of the century, the municipal authorities deemed it necessary to place the building on the list of architectural heritage and envisage the complete restoration of the façades, both in terms of the obsolescence of the too-thin marble and the thermal question of the envelope.
In the case of this museum, as with most objects of the modern period, preserving the substance – the historical truth of the material – is problematic, either because the material used was not designed to last, or, more often, because the technology used previously lacked a subsequently gained perspective. It was thus necessary to undertake a process of replacement, with modern materials simply expressing coherence with the original approach of the time. Here, the notion of *authenticity* is more strongly tied to enhancing the spirit of the original concept than to an ideological question of the relationship between the renovation project and the substance.
With strict respect for the work, the principle of changing its exterior enabled the use of new technologies – in this case, white Carrara marble cladding was used to create a ventilated façade, while it simply covered the load-bearing wall. The original stonework is preserved with some adapted dimensions to obtain thermal values consistent with the aims of sustainable development.

5 m

10 m

Villereuse P
Centre
Lac
Chamonix
Tunnel du Mont-Blanc
Malagnou

Renovierung und Erweiterung der Schule «Les Perraires», Collombey-Muraz

Wettbewerb: 2012, 1. Preis
Bauherrschaft: Gemeinde Collombey-Muraz
Projekt: 2012–2014
Ausführung: 2014–2017
Partner: Cagna + Wenger, Sitten
Bauingenieur: Muttoni et Fernández ingénieurs conseils, Ecublens; Kurmann & Cretton, Monthey

Competition: 2012, 1st Prize
Client: Municipality of Collombey-Muraz
Project: 2012–2014
Construction: 2014–2017
Partners: Cagna + Wenger, Sion
Structural engineer: Muttoni et Fernández ingénieurs conseils, Ecublens; Kurmann & Cretton, Monthey

Mitarbeiter / Collaborators:
Istabrak Bellara, Daniel Baptista, Teresa Blanco, Sébastien Le Dortz, Arnaud Mottet

Ende der 1960er Jahre hat das CROCS-Bausystem ermöglicht, ein modulares Konstruktionsprinzip für Schulgebäude zu entwickeln. Unter den Pionierbauten ist die Schule «Les Perraires» von Collombey-Muraz eines der letzten Beispiele, die in ihrem Originalzustand erhalten sind. Sie weist dieses sehr charakteristische Grundkonstruktionsraster von 2,40 Metern mit einem Zwischenraum von 60 Zentimetern (Doppelachse) auf, das an der Fassade deutlich wird und eine Lösung für das Eckproblem der Vorhangwand bietet. Die Trägerstruktur, bei der Metall und Beton kombiniert sind, ist punktuell. Das Gebäude ist Gegenstand einer kantonalen Massnahme zum Schutz des kulturellen Erbes.
Neben der mangelhaften Thermik weist das Gebäude auch eine grosse Schwachstelle im Bereich der seismischen Widerstandskraft auf. Der Entwurf für die Erweiterung trägt durch V-förmige Betonelemente, die in den Raum eingezogen sind und diesen charakterisieren, genau wie das Metallgerüst bei dem bereits existierenden Teil auch zur Stabilisierung des Komplexes bei. Die Fülleelemente im Inneren, die keine tragende Funktion haben, sind als Antwort auf die bestehenden modularen Stahlplatten mit Aluminium umhüllt.
Das Gesamtkonzept besteht darin, den bestehenden Bau und die Erweiterung zu einer totalen Einheit verschmelzen zu lassen, die erst auf den zweiten Blick die beiden Teile offenbart. Es geht hier darum, den CROCS-Entwurf durch die Auswahl der Elemente, die sein «charakteristisches Gepräge» und seinen Reichtum ausmachen, neu zu schreiben. Die Erhaltung der originalen Stützen, die sich ganz leicht von der Gebäudehülle im Erdgeschoss lösen, und die darüber «schwebenden» Etagen sind in dem Erweiterungsbau wieder aufgegriffen. Die vier Fassaden sind – mit einigen Unterschieden in der Gestaltung des neuen Teils – fast identisch und weisen als Material durchgängig eloxiertes Aluminium auf.
In dem Erweiterungsbau ist die neue Treppe in ihrer dienenden Funktion im Norden angesiedelt und sorgt mit ihrer Transparenz für eine ausreichende Lichtzufuhr. Die neuen Klassenräume, jeweils drei pro Stockwerk, befinden sich gegenüber der grossartigen Berglandschaft.

Renovation and extension of "Les Perraires" school, Collombey-Muraz

In the late 1960s, the CROCS system allowed the development of a modular construction principle adapted to school buildings. Among the pioneer buildings, the Perraires School in Collombey-Muraz is among the last still preserved in their original state. It possesses the highly typical 2.40 m basic construction frame, with a 60 cm structural space (dual axis) that stands out prominently on the façade, proposing a solution to the problem created by the curtain wall angle. The punctuated load-bearing structure is made of metal and concrete. Steps have been taken for the building to be protected as cantonal heritage.
Beyond thermal deficiencies, the building has a substantial seismic-resistance weakness. The extension contributes to the stabilisation of the whole building by introducing V-shaped concrete elements that take hold of and characterise this new space, just as the metallic modulation characterised the existing part. Non-load-bearing interior structures are clad in aluminium as a reflection of the existing steel modular panels.
The overarching concept proposes the gathering of existing elements and enlargement into a unitary whole that is only revealed when taking a second look at both parts. The aim is to rewrite the CROCS project by selecting elements that define its "signature" and richness. The preservation of the original piles, very slightly detached from the skin of the ground floor, with "floating" floors situated above it, has been incorporated into the extension. The four façades are nearly identical, with a few differences in the design of the new section, while the anodised aluminium materiality remains.
In the extension, a new staircase has been positioned in a "service" location to the north, with a transparency that brings light to this circulation area. The new classrooms, of which there are three on each floor, are positioned to face the great Alpine landscape.

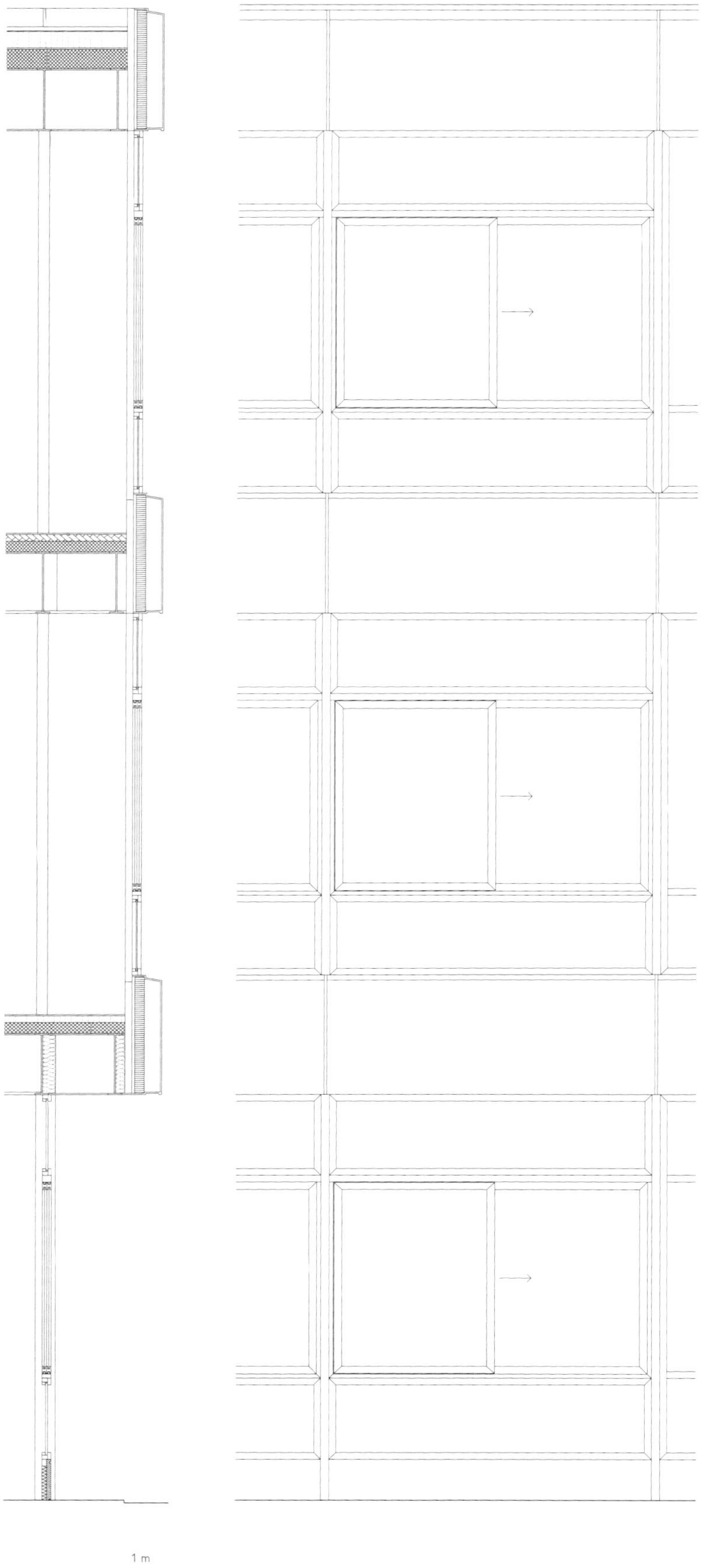

Bestand / Existing

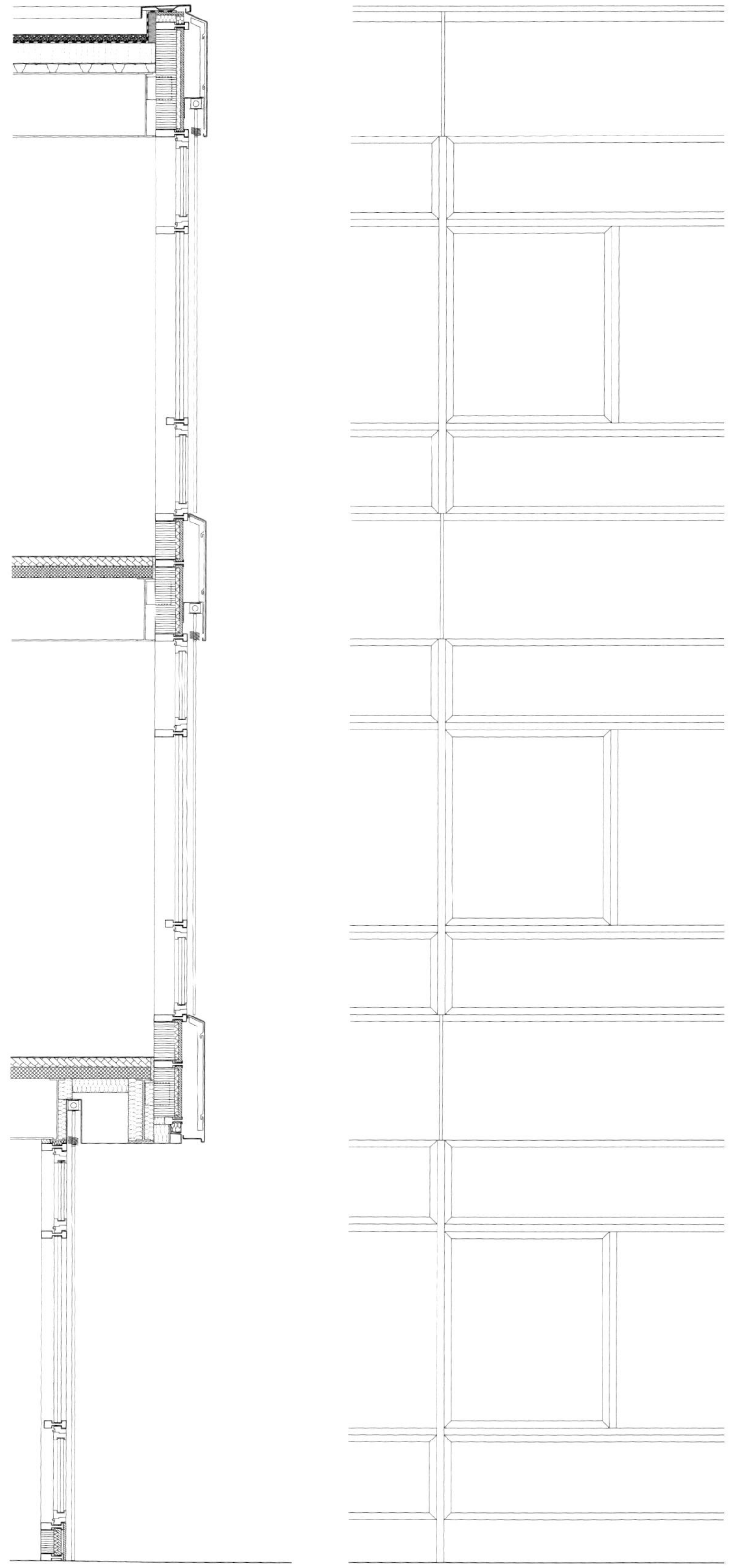

Projekt / Project

003

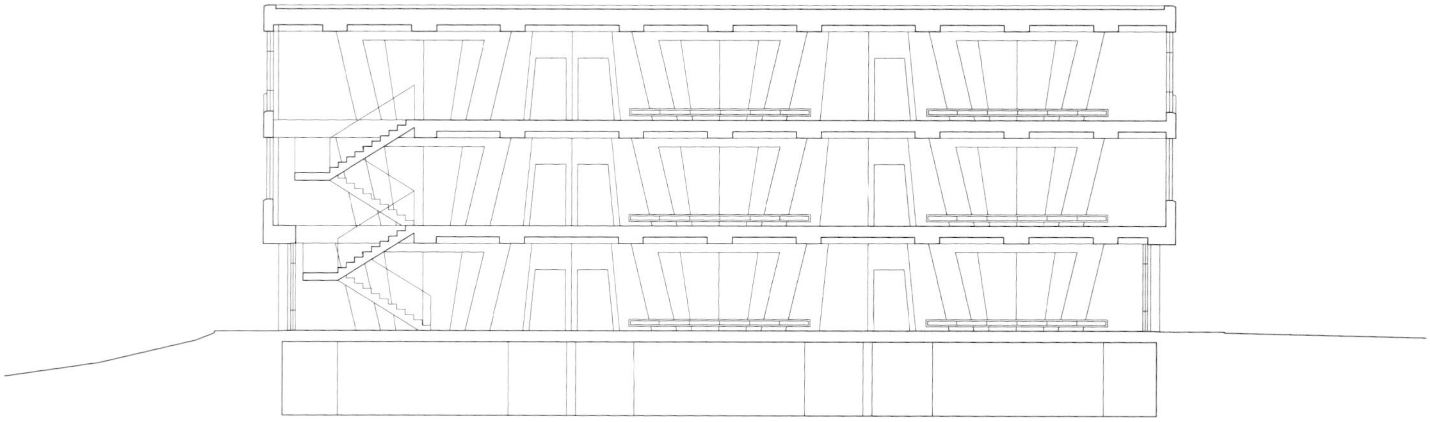

10 m

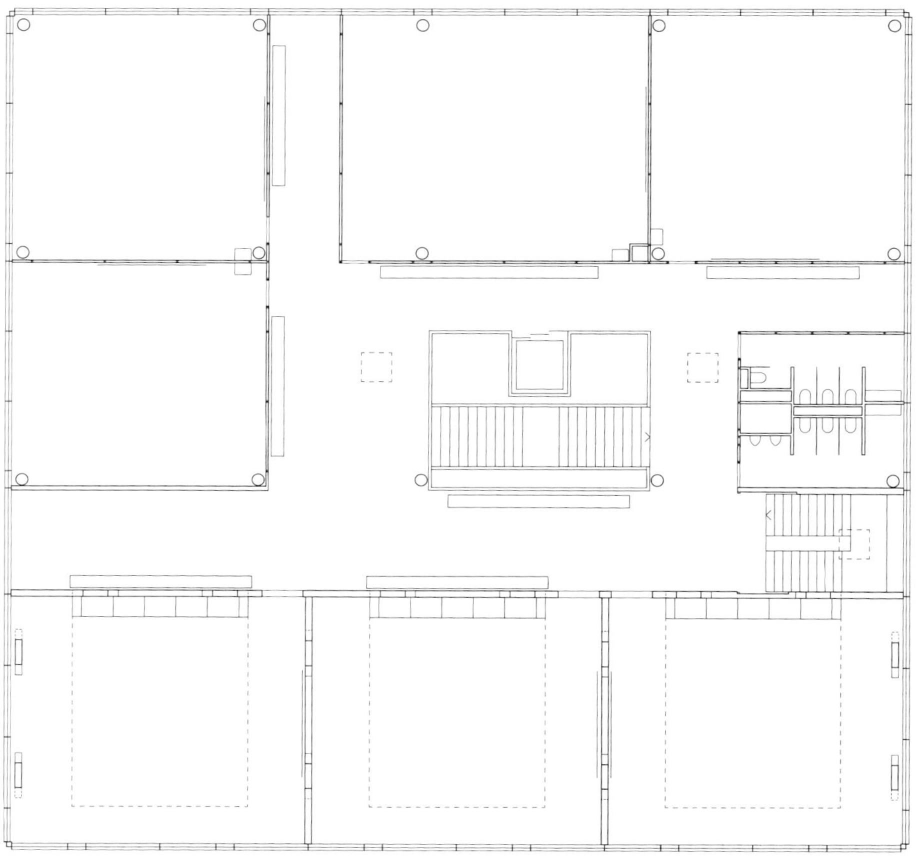

Besiedlungsdichte durch Wohnungsbau in der französischen Schweiz: drei Quartiere

Philippe Meier

Um eine Analyse des gegenwärtigen Phänomens der beträchtlichen städtebaulichen Verdichtung auf dem Gebiet der Schweiz zu wagen, ist ein kritischer Blick auf die vergangenen 50 Jahre geboten. In den 1960er Jahren war nämlich eine günstige Zeit angebrochen, in der man über die Ausdehnung der traditionellen Stadt in der französischen Schweiz nachdachte, insbesondere in Genf, aber auch in Lausanne oder in Sitten. Während Europa seine Wunden leckte und unter Zeitdruck aus der Asche auferstand, machte sich das schnelle Bevölkerungswachstum in der Westschweiz «unter dem Einfluss neuer Investitionen und dem Konsumwachstum, zahlreicher und billiger ausländischer Arbeitskräfte [...], der beträchtlichen Geldsummen, die in die Infrastruktur investiert wurden»[1] bemerkbar. In weniger als 20 Jahren hat man Zehntausende Wohnungen im Gebiet rund um den Genfer See gebaut.[2]
Während sich die Städte über die Jahrhunderte kontinuierlich ausgedehnt haben und damit auch eine Durchmischung einhergegangen ist, stützt sich die Planung dieser brutalen Stadterweiterungen auf die Theorien der Zwischenkriegszeit. Diese haben eine klare Trennung der verschiedenen Aktivitäten, welche die *städtebaulichen Gegebenheiten* bilden, mit dem Aufkommen des Begriffs *Zoning*, losgelöst von aller lokalen Substanz postuliert.[3] Bereits 1927 pries Ludwig Hilberseimer ein stark verdichtetes Erscheinungsbild der Stadt, wo «der äußerst intensive Lebensrhythmus der Industrie-, Verwaltungs- und Handelsmetropole nur die schnelle Auslöschung jeden lokalen und individuellen Elements hervorrufen kann».[4] In der unmittelbaren Nachkriegszeit werden die Einflüsse des berühmten Plans für den Wiederaufbau von Saint-Dié (Le Corbusier, 1946) «als Referenz dienen, nicht nur für die neuen ‹grossen Ensembles› in Paris [...], sondern [insbesondere] auch für die Entwicklung von Genf».[5] Sie werden auch bei vielen Bebauungsplänen dieser Zeit in der Schweiz Anwendung finden.

Das Modell der Nachbarschaftseinheit

Allerdings musste man beim radikalen Hinterfragen der modernen Theorien nicht bis zu den 1960er Jahren warten, um die Entwicklung städtebaulicher Methoden zu sehen, die sich «von der malerischen Kompositionsweise [der] modernen Architekten»[6] entfernten, und um nach einer sozialeren Sicht zu streben, indem man postuliert, «die enge Schicksalsgemeinschaft zu instrumentalisieren, die die Nähe in den kleinen geschlossenen Gesellschaften herstellt».[7] Das, was der französische Städteplaner

Housing density in French-speaking Switzerland: Three districts

Philippe Meier

To attempt to analyse the current phenomenon of intense population growth in Swiss territory, it is necessary to cast a critical eye on the events of the past half century. Effectively, the 1960s represented the beginning of a prosperous period of expansion in traditional cities in French-speaking Switzerland, especially Geneva, but also Lausanne and Sion. While Europe was licking its wounds and lifting itself up with a sense of urgency, rapid population growth made Western Switzerland feel that it was "under the influence of new investments and growing consumption, abundant and inexpensive foreign labour, [experiencing] important investment in infrastructures".[1] In less than twenty years, tens of thousands of apartments were built around Lake Geneva.[2]
Since the cities had grown for centuries in a continuous way, while integrating a mixed character, conceiving these brutal extensions depended on theories that were in vogue between the two world wars. The latter were based on the asserted separation of various activities that form urban life and the emergence of a notion of zoning that was devoid of all local character.[3] Already by 1927, Ludwig Hilberseimer advocated a very dense vision of the city, where "the extremely intense rhythm of life in an industrial, administrative and commercial metropolis cannot fail to rapidly erase all local and individual elements".[4] In the immediate post-war period, the influence of the famous Saint-Dié reconstruction plan (Le Corbusier, 1946) would, "serve as a reference, not only for the new 'great aggregations' in Paris... but also for the development of Geneva," in particular.[5] This influence also applied to a great number of city plans in Switzerland during this period.

The neighbourhood unit model

However, there was no need to wait for the 1960s to see a radical challenge to modern theories with the development of urban planning that moved away from the "modern architects' pictorial mode of composition"[6] and stretched out toward a more social vision by assuming "to rely on the close community of common destiny that proximity creates in small closed societies".[7] What the French urban designer Gaston Bardet proposed from 1948 would find its echo in the Anglo-Saxon "neighbourhood units", which integrated an important number of "public amenities that were required to favour the sociability of the inhabitants".[8] In Switzerland, these models where the presence of a school, a nursery school, a community centre or even a church[9] were included in the main fabric of a housing

[1] Michel Nemec, «Cités résidentielles. Le logement et la ville». In: Isabelle Charolais, Jean-Marc Lamunière, Michel Nemec, L'architecture à Genève 1919–1975, Payot, Lausanne 1999, S. / p. 111 [trans.].
[2] «Von 1955 bis 1973, das heisst in einem Zeitraum von 18 Jahren, wurden ungefähr 100.000 Wohnungen in Genf errichtet», siehe / see Jean-Marc Lamunière, «Modernités urbanistiques et architecturales genevoises». In: Isabelle Charolais, Jean-Marc Lamunière, Michel Nemec, L'architecture à Genève 1919–1975, Payot, Lausanne 1999, S. / p. 67.
[3] In den 1960er Jahren rebelliert Aldo Rossi gegen die Tatsache, «die Struktur städtebaulicher Tatbestände auf die Frage zu reduzieren, wie einige mehr oder minder wichtige Funktionen zu organisieren seien». In: Aldo Rossi, Die Architektur der Stadt, Düsseldorf 1973, S. 31. / During the 1960s, Aldo Rossi protested, «it is inconceivable to reduce the structure of urban artefacts to a problem of organizing some more or less important function,» in L'architecture de la ville, Paris, L'équerre, 1981 (1966), p. 30.
[4] Ludwig Hilberseimer, Großstadtarchitektur, Stuttgart 1927, zitiert nach Michel Nemec, Cités résidentielles. Le logement et la ville. In: Isabelle Charolais, Jean-Marc Lamunière, Michel Nemec, L'architecture à Genève 1919–1975, Payot, Lausanne 1999, S. / p. 107 [trans.].
[5] Jean-Marc Lamunière, «Modernités urbanistiques et architecturales genevoises». In: Isabelle Charolais, Jean-Marc Lamunière, Michel Nemec, L'architecture à Genève 1919–1975, Payot, Lausanne 1999, S. / p. 62 [trans.].
[6] Vincent Scully, «Introduction». In: David B. Brownlee, David G. De Long, Louis I. Kahn, le monde de l'architecte, Centre Georges Pompidou, Paris 1992, S. / p. 13 [trans.].

Georges Addor, Jacques Bolliger, Dominique Julliard, Louis Payot, Cité du Lignon, Genf / Geneva, 1963–1971 (Baustellenfoto Juni / Building site photo June 1967)
Foto / Photo: Archiv / Archive Swissair

Gaston Bardet seit 1948 vorantreibt, wird in den angelsächsischen «Nachbarschaftseinheiten» einen Nachhall finden, die eine beträchtliche Zahl an «Gemeinschaftseinrichtungen, die für die Entfaltung des sozialen Verhaltens der Bewohner notwendig sind»,[8] einbinden. In der Schweiz lassen diese Modelle, bei denen sich die Schule, die Kindertagesstätte oder das Quartierzentrum, ja sogar die Kirche[9] in das vorherrschende Gefüge des kollektiven Wohnens einfügen, ein Zusammengehörigkeitsgefühl oder mitunter gar ein Gefühl der Integration bei ausländischen Gemeinschaften entstehen, welche die Arbeiterbasis dieser aufstrebenden Regionen begründen. In Genf spielt Arnold Hœchel für die Verbreitung der «Nachbarschaftseinheiten» eine wichtige Rolle. Er ist ein hervorragender Kenner der regionalen Planungsarbeiten der Engländer während des Krieges und unterrichtet deren Prinzipien in den Stadtplanungskursen an der Haute École d'Architecture von Genf. In Lausanne ist es Jean-Pierre Vouga, Kantonsarchitekt und Chefredakteur der Zeitschrift *Habitation*, der unermüdlich die gesellschaftliche und kulturelle Dimension der angelsächsischen «Nachbarschaftseinheiten» verteidigen wird. Die Redakteure von *Habitation* machen 1952 eine erste Reportage über Lansbury-Poplar und besuchen dann im Sommer 1961 Roehampton.[10]

In diesen Jahren zeigt sich, dass die architektonische Sprache zur Quelle der Einheit, Identität und Zugehörigkeit wird. Die Handschriften der grossen Baumeister – die Formgestaltung von Le Corbusier und Frank Lloyd Wright, der Klassizismus von Mies van der Rohe – mit allen nur möglichen Nuancen bleiben ein Mittel für die Architekten der französischen Schweiz, nicht ihren Glauben an dieses moderne Erbe zu verleugnen. Deswegen «findet die *Nachbarschaftseinheit* eine Entsprechung in der Komposition, die den open space des grossen Ensembles unterteilt [und] so mit der Bauplastik in Zusammenhang gebracht wird».[11] Es besteht der offenkundige Wille, sich in ein Ganzes einzufügen, das durch die Hauptprinzipien der Moderne gerechtfertigt wird, und in den Quartieren, wo die Bauherrschaft nicht in der Hand eines einzigen Architekten ist, beugen sich die anderen Akteure der allgemeinen Vorstellung, die sich gegenüber den Formansprüchen des Einzelnen durchsetzt.

Das war vor 50 Jahren.

Um die Jahrhundertwende lassen die Öffnung der europäischen Grenzen und die Attraktivität der Schweiz, die als Insel der Stabilität und des Wachstums betrachtet wird, eine erneute erhebliche Nachfrage nach kollektivem Wohnraum entstehen. Diese Tatsache zwingt die Behörden der welschschweizerischen Kantone – die jegliche Orientierung bei der Planung in diesem Massstab verloren haben –, dass sie sich Vorstellungen für die Zukunft verschaffen. In Genf, wo die Problematik

project generated a sense of amalgamation and even the integration of the foreign communities that formed the workers' base in these busily developing regions. In Geneva, Arnold Hœchel played an important role in such diffusion of "neighbourhood units". An expert on the regional plans developed by the English during the war, he taught the great principles of that work in the urban planning courses offered at the Geneva *Haute École d'Architecture*. In Lausanne, there was Jean-Pierre Vouga, architect of the regional administration and Editor-in-Chief of the *Habitation* periodical, who was an inexhaustible defender of the social and cultural dimension of the Anglo-Saxon "neighbourhood units". The editors of *Habitation* published their first report on Lansbury-Poplar in 1952; later, they visited Roehampton in the summer of 1961.[10]

It was evident during those years that the language of architecture was a source of unity, identity and inclusion. The writings of the great masters – the modelling of Le Corbusier or Wright, the classicism of Mies – with all their possible nuances, remained the means for the architects of French-speaking Switzerland to stand by their belief in this modern legacy. From this fact, "the neighbourhood unit found its expression in the composition, dividing the open space of large aggregations [and] actually remaining in rapport with the architectural modelling".[11] The main protagonists of the Modern movement expressed a clear desire to enter into a legitimised whole and in the neighbourhoods where operational control was not in the hands of a single architect, other authors applied an overall vision that prevailed over the formal demands of individuals.

That was fifty years ago.

At the turn of the century, the opening of European borders and the attractiveness of Switzerland, seen as an island of stability and growth, generated a massive new demand for residential buildings. This situation forced the administrations of the French-speaking cantons – who lost all sense of proportion in planning at this scale – to equip themselves with perspective visions. In Geneva, where the scarcity of flats had been endemic for decades, the political powers grappled with the theme to try to resolve it. There was, for example, the creation of the *Grand Genève* concept, to form a population basin of the French/Aosta Valley/Genevan region,[12] or the 2011 decision by the Genevan State Council to put 50,000 apartments on the market by 2030.

At the same time, Lausanne was facing similar issues in the city and its western outskirts. Actually, with the *Métamorphose* project or SDOL (*Schéma directeur de l'ouest lausannois*, a master plan for the western outskirts of Lausanne) in 2000 and the PALM (*Plan d'agglomération Lausanne Morges*, the

[7] «Les échelons communautaires dans les agglomérations urbaines». In: Gaston Bardet, Pierre sur pierre, Paris 1948, S. / p. 249 [trans.], zitiert nach Hélène Jannière, «Planifier le quotidien. Voisinage et unité de voisinage dans la conception des quartiers d'habitation en France (1945–1965)». In: Strates (online) 14 (2008), S. 8, http://strates.revues.org/6656 (abgerufen am 5. November / accessed on November 5, 2018).

[8] Bruno Marchand, «Signes d'une autre modernité, ‹en marge des aventures›». In: Bruno Marchand (Hrsg. / Ed.), Architecture du canton du Vaud 1920–1975, PPUR, Lausanne 2012, S. / p. 51 [trans.].

[9] Der Bundesrat Roger Bonvin (1962–1973), Präsident der Stadt Sitten von 1955 bis 1962, würdigt ein Stadtplanungsprinzip, das zur Definition eines Wohnquartiers die Gegenwart einer Kirche und einer Schule erfordert (Sous-le-Sex, Saint-Guerin oder Platta). Gespräch mit Pierre Cagna, Architekt, am 19. November 2018. / Roger Bonvin, a federal counsellor from 1962 to 1973 and President of the City of Sion from 1955 to 1962, endorses the city planning premise that requires the presence of a church and a school to define a residential quarter (Sous-le-Sex, Saint-Guerin or Platta). Conversation with Pierre Cagna, architect, 19 November, 2018.

[10] Die Satellitenstädte von Meyrin (1960–1964) und Lignon (1963–1971) oder auch das Quartier Ancien-Stand in Lausanne (1961–1967) fügen sich in diese Reihe ein. Gespräch mit Bruno Marchand, Professor an der ETHL, am 18. Dezember 2018. / The satellite towns of Meyrin (1960–1964) and Lignon (1963–1971), as well as the Ancien-Stand quarter of Lausanne (1961–1967), belong to this line of reasoning. Conversation with Bruno Marchand, EPFL professor, 18 December, 2018.

[11] Hélène Jannière, «Planifier le quotidien. Voisinage et unité de voisinage dans la conception des quartiers d'habitation en France (1945–1965)». In: Strates (online) 14 (2008), S. / p. 10, http://strates.revues.org/6656 (abgerufen am 5. November / accessed on 5 November, 2018).

[12] This territory extends the natural boundaries of the canton to include the district of Nyon, comprising 212 municipalities, for a surface area of 2,500 km^2.

[12] Dieses Gebiet erstreckt sich von den natürlichen Grenzen des Kantons bis zur Region des Bezirks Nyon und umfasst 212 Gemeinden, das heisst eine Fläche von 2.500 km^2.
[13] Der im Jahr 2000 von den Kommunen des SDOL initiierte Flächenwidmungsplan wurde 2013 mit dem Wakker-Preis gewürdigt. Gespräch mit Claude Daetwyler, dem ehemaligen Stadtplaner der Gemeinde Chavannes-près-Renens, am 2. Dezember 2018. / The plan was launched in 2000 by the municipalities of the SDOL and received the Wakker Prize for Swiss Heritage in 2013. Conversation with Claude Daetwyler, former urban designer for the town of Chavannes-près-Renens, on 2 December, 2018.
[14] https://www.stadt-zuerich.ch/hbd/de/index/staedtebau/planung/richtplanung0/kommunaler-richtplan.html, abgerufen am 3. Dezember 2018 / accessed on 3 December, 2018.
[15] Bundesgesetz über die Raumplanung 700 vom 22. Juni 1979, am 15. Juni 2012 abgeändert und dann am 3. März 2013 per Volksabstimmung angenommen: «Die Revision stoppt Landverschleiss, gewährleistet eine kompaktere Siedlungsentwicklung und hält die Schweiz als Wohn- und Arbeitsort attraktiv.», https://www.uvek.admin.ch/uvek/de/home/uvek/abstimmungen/abstimmung-raumplanungsgesetz.html, abgerufen am 3. Dezember 2018. / LAT 700 (*Loi fédérale sur l'aménagement du territoire*, the federal law on territorial management) dated 22 June, 1979, amended on 15 June, 2012, and ratified by the vote on 3 March, 2013. "The revision will check the squandering of land, will guarantee more compact urban development and will treat the entire landscape with care to ensure that Switzerland preserves its attraction as a place to live and work." URL : https://www.uvek.admin.ch/uvek/fr/home/detec/votations/votation-lat.html, accessed on 3 December, 2018 [trans.].
[16] Claude Lévy-Strauss, Traurige Tropen, Köln, 1955, S. 82f, zitiert von Aldo Rossi, Die Architektur der Stadt, Düsseldorf 1973, S. 22. / Claude Lévy-Strauss, Tristes Tropiques, Plon, Paris, 1955, p. 121 f., cited by Aldo Rossi, L'architecture de la ville, p. 22 [trans.].
[17] CFF Immobilier ist eine öffentlich-rechtliche Gesellschaft, die 1987 gegründet wurde. 1999 hat die Eidgenossenschaft ihr ihren Grundbesitz anvertraut, das heisst 97 Millionen Quadratmeter, von denen mehr als 80 Prozent für Nutzflächen erforderlich sind. Es handelt sich um den zweitgrössten Grundbesitzer des Landes. Gespräch mit Serge Stalder, Leiter des Bodenrechts bei der CFF, am 16. November 2018.

der Wohnungsnot seit Jahrzehnten endemisch ist, greifen die politischen Machthaber die Thematik auf in dem Streben, ihr ein Ende zu setzen. Das ist zum Beispiel das Konzept zur Schaffung eines «Gross-Genf», das die Bevölkerung der Region Frankreich-Waadt-Genf zusammenfassen will,[12] oder die Erklärung des Genfer Staatsrats im Jahr 2011, bis 2030 50.000 Wohnungen zu schaffen. Gleichzeitig beschäftigt man sich mit diesen Fragen auch in Lausanne und in seinem westlichen Umland. Tatsächlich plant die Region mit dem Projekt «Métamorphose», dem Flächenwidmungsplan von West-Lausanne (SDOL) im Jahr 2000 oder dem Siedlungsplan für den Grossraum Lausanne Morges (PALM) eine Zunahme seiner Einwohner und seiner Stellen auf 100.000 Seelen von heute bis 2030.[13] Während sich die Blicke ausnahmsweise einmal auf die Westschweiz richten, muss man sich dennoch vergegenwärtigen, dass die grosse Metropole Zürich bis 2040 ebenfalls 80.000 Personen mehr auf ihrem Grund und Boden anvisiert.[14]

Ein begrenztes Gebiet

In einem Land mit recht beschränkter Bodenkapazität und mit einem Bundesgesetz über die Raumplanung[15] braucht man für jeden Quadratmeter einen langen Atem, bis er zur Besiedlung freigegeben wird. Man wird drei Bedingungen berücksichtigen, um diese laufende massive Entwicklung zuzulassen:
1. eine Zurückstufung oder eine Modifikation der bestehenden Zone ohne jegliche Bauten, eine angenehme Vorgehensweise für den Planer, die jedoch häufig an der Sensibilität der Bevölkerung aneckt. Mit diesen zugegebenermassen immer selteneren Situationen konfrontiert, müssen sich die Architekten folgenden Satz von Claude Lévy-Strauss in Erinnerung rufen: «Noch kostbarer vielleicht als das Kunstwerk liegt die Stadt an der Grenze zwischen Natur und Kunst. Die Stadt ist Objekt der Natur und Subjekt der Kultur.»[16]
2. ein Abriss oder eine Verdichtung bebauter Gebiete, die häufig aus Industriebrachen oder veralteten Lagern bestehen. Diese Flächen gehören hauptsächlich zu dem Eisenbahngelände, von dem die CFF Immobilier nahezu 100 Millionen Quadratmeter besitzt.[17] Die Antwort auf den Zwang, sich mit starken schädlichen Einwirkungen im Zusammenhang mit dem Transport von Reisenden und Waren auseinandersetzen zu müssen, ist die motivierende Gelegenheit, im Herzen der Innenstädte des 19. Jahrhunderts zu bauen, dort, wo die Bahnhöfe bereits eine wegweisende morphologische Veränderung vollzogen hatten. Zu den jüngsten symbolträchtigsten Quartieren gehört die Europaallee in Zürich, die Schule macht.
3. eine Umstrukturierung von bebauten Zonen, die in Betrieb sind, um eine adäquate Antwort auf das Axiom zu finden, die *Stadt auf der Stadt* zu

Lausanne Morges metropolitan plan), the region planned to increase its population and jobs to 100,000 by 2030.[13] While attention turned to Western Switzerland for a change, it should nevertheless be remembered that the great metropolis of Zurich is also currently planning 24,000 more residents on its municipal territory by 2040.[14]

A limited territory

In a nation with very limited resources in terms of available land for building, equipped with a restrictive federal law regulating territorial management,[15] each square metre cleared to increase population density involves a long-term procedure. Three conditions must be kept under control to permit the massive development that is under way:
1 - A downgrade or variation of an existing zone without any buildings, a relaxed approach for a city planner, but an approach that often offends the sensitivity of the population. Faced with these situations, which have undoubtedly become rarer over the years, architects have a duty to remember Claude Lévy Strauss's phrase: "More than other works of art, the city achieves a balance between natural and artificial elements; it is an object of nature and a subject of culture."[16]
2 - Demolition and greater density of built-up zones, often consisting of industrial wastelands or obsolete warehouses. There areas are mainly railway land, of which CFF Immobilier owns approximately 100 million square metres.[17] The negative aspect due to significant inconveniences linked to the transport of passengers and goods is overcome by the motivating opportunity to build in the heart of the nineteenth century city centres, where train stations had already been the pioneers of a morphological transformation. Among the most emblematic of recent quarters, the Europaallee in Zurich is a textbook example.
3 - Changes in built-up and productive areas, to know how to provide an adequate response to the axiom of building *the city on the city*. Only a few examples of this type of operation on a grand scale exist. In Geneva, the future quarter PAV (*Praille Acacias Vernets*) with 12,000 flats distributed on more than 200 hectares of an industrial zone reclassified for dense urban use, is the most obvious example.
These quarters are the means for a whole generation of architects to conceive and prepare to realize thousands of flats. At the heart of this second major territorial transition in half a century, the role of architecture should remain at the centre of the qualitative debate insofar as it is a vehicle of "a human thing that shapes reality and adapts material according to an aesthetic conception. It is in this sense not only the place of the human condition, but itself a part of that condition."[18]

errichten. Es gibt nur wenige grossangelegte Beispiele dieses Typs. In Genf ist das künftige Quartier «Praille Acacias Vernets» (PAV) mit 12.000 Wohnungen auf mehr als 200 Hektar Grundfläche in einem zu einem dicht besiedelten Stadtgebiet umgewidmeten Industriegebiet das offenkundigste Beispiel.
In all diesen Quartieren plant und realisiert eine ganze Architektengeneration Tausende von Wohnungen. Bei diesem zweiten grossen Gebietsübergang innerhalb von 50 Jahren muss die Rolle der Architektur im Zentrum der Qualitätsdebatte als Träger «[des] Menschliche[n] schlechthin» bleiben, «[das] die Wirklichkeit durch die Ausformung der Materie nach ästhetischen Gesetzen gestaltet. [...] Sie [die Stadt] [ist] zugleich als Schauplatz und Bestandteil des menschlichen Schicksals zu verstehen.»[18] Die von der Moderne getragene formensprachliche Einheit ist heute durch den Wunsch nach zügelloser Vielfalt ersetzt und hält sich nicht mehr an das, worauf die Bildschirme verweisen. Diese Beziehung zwischen Formensprache und Individuum wird durch die Aufteilung der Wohnungsbauvorhaben unterstützt, wo die Gebäude, welche die städtischen Formen ausbilden – basierend auf Baumassenplänen, die ihrerseits häufig aufgebrochen sind –, in Abhängigkeit der Bauherren aufgeteilt sind. Es zeigt sich jedoch seit kurzem, dass durch diesen Eklektizismus nicht immer eine Idee der Gemeinschaft entsteht. Eine Rückkehr zu einer gemeinsamen architektonischen Vorstellung vom Lebensraum, das Prinzip der Zugehörigkeit zu einem Viertel, das stärker als identitätsstiftender Ort verstanden wird, rückt wieder ins Zentrum der Debatte.
Die Zeit ist insofern fruchtbar, als sie dieselben Bestrebungen neu interpretiert, die die Konturen der Städte und des Umlands am Ende der Phase des starken Denkens geprägt haben, jedoch in einer *entmaterialisierten und übertrieben normierten* Gesellschaft. Das sind die Voraussetzungen für unsere Überlegungen im Rahmen mehrerer Grossprojekte, von denen sich einige noch im Entwicklungsstadium befinden.

Sitten: Nachbarschaft

Das Gelände des «Cour de Gare» gehört zu den Örtlichkeiten, die bei der grossangelegten Expansion der Stadt Sitten, deren Bevölkerung sich zwischen 1950 und 1970 mehr als verdoppelt hat, ausgeklammert wurde. Auf dem östlich des Bahnhofs gelegenen Grundstück haben sich viele Jahre lang vor allem landwirtschaftlich genutzte Lagerhäuser befunden.[19] Die Parzellen dieser Brache hinter dem Bahnhof, die ehemals das wichtigste Industriegebiet der Stadt war, wurden in den 1980er Jahren stillgelegt und zu einem riesigen Freiluftparkplatz umgewandelt. Der Entwurf für ihre Umstrukturierung ist das Ergebnis eines sehr langen

The linguistic unity brought about by the Modern movement has today been replaced by the desire for unbridled diversity, as if this would stick better to what the screens project. This relationship between language and the individual is implicit in the division of the housing operations where buildings that compose urban forms – based on the site plans that are themselves often fragmented – are preferred by the builders. It does not take long to realize that this eclecticism does not always succeed in creating an idea of community. A return toward an architectural vision with a greater share of living space, restoring the principle of belonging to a neighbourhood, in the sense of being more a place of identity, is re-emerging at the heart of the debate.
The period had this prolific aspect of reliving the same aspirations that have traced the outlines of cities and their peripheries from the end of the "hard-line" period, but in a dematerialized and overly regulated society. These conditions have directed our reflections to the scope of several large projects, a few of which are in the development phase.

Sion: The proximity principle

The *Cour de gare* site is one of those places that escaped the tremendous expansion of the city of Sion, which more than doubled its population between 1950 and 1970. Situated to the east of the train station, for many years it hosted warehouses that were mostly linked to agriculture.[19] Once the leading industrial zone of the city, the lots of this wasteland behind the station were abandoned during the 1980s, leaving an immense parking area open to the skies and everyone's view. The project for its transformation is the outcome of a very long process that in 2012 awarded a commission to architects Bonnard-Woeffray of Valais to develop its mission statement.[20]
The overall density of the quarter is close to 3.0, causing proximity relationships that are one of the challenges of the typological development. It had to include the quantitative limits established by the contracting authority and those of the plot, so that the approximately three hundred flats would offer fine-quality domestic spaces that were perfectly adapted to the urban setting and regulatory provisions.
The question of a spatial identity was considered from the start of the project process, with the same approach as for the nineteenth-century city, namely an urban unit that is nuanced in a second reading, which brings out the fine variations of each property base. In the *Cour de Gare* neighbourhood, the notion of local identity is borne by repetitive horizontal elements in the form of entrance canopies, balconies, cornices and continuous parapets. The affirmation of individuality

[17] CFF Immobilier is a joint stock company under public law, formed in 1987. In 1999, the Confederation granted its land holdings to the company, some 97 million square metres, of which over 80% are needed as operative areas. It is the second-largest land owner in the country. Conversation with Serge Stalder, CFF director for property law, on 16 November, 2018 [trans.].

[18] Aldo Rossi, Die Architektur der Stadt, Düsseldorf 1973, S. 24. / Aldo Rossi, L'architecture de la ville, p. 23–24 [trans.]

[19] Die Einwohnerzahl von Sitten ist innerhalb von 20 Jahren von 10.750 auf 21.900 gestiegen. Die demografische Expansion hat eine erhebliche Nachfrage im Baubereich sowie eine starke Zuwanderung vor allem aus Italien zur Folge. Auf dem Gelände befanden sich Weinkeller, der Milchverband des Wallis sowie Lagerhallen für Obst. Diese landwirtschaftliche Nutzung stand in direktem Zusammenhang mit der Eisenbahn. Gespräch mit Pierre Cagna, Architekt, am 19. November 2018. / Sion grew from 10,750 to 21,900 inhabitants in twenty years. The consequences of such population growth were a strong demand in the building sector and considerable immigration, principally of Italian origin. At the site there were wine cellars, the dairy federation of Valais and fruit storage depots. These agricultural activities depended on the link to rail transport. Conversation with Pierre Cagna, 19 November, 2018.

[20] After an international competition in three stages, the three ranking final projects were those of Bonnard-Woeffray, de meier + associés architectes with Cagna + Wenger, and Sergison & Bates, with Jean-Paul Jaccaud.

meier + associés architectes mit Partner / with partners, Cour de Gare, Sitten / Sion, 2015–2023

[20] Aus einer internationalen Ausschreibung in drei Runden gingen die Entwürfe von Bonnard-Woeffray, von meier + associés architectes in Zusammenarbeit mit Cagna + Wenger sowie von Sergison & Bates in Zusammenarbeit mit Jean-Paul Jaccaud als Finalisten hervor.
[21] Siehe / See Genève 2020 _ Co-habitations, Infolio, Gollion, 2007.
[22] Das Industriegebiet La Praille, das aus dem berühmten Bauplan von Maurice Braillard aus dem Jahr 1935 hervorgegangen ist, wird 1948 legalisiert und entwickelt sich dann in den 1960er Jahren. / Created in 1935 by the famous plan director Maurice Braillard, the Praille industrial zone emerged in 1948 when the zone was legalized and then developed during the 1960s. Siehe auch / See also: Michel Nemec, «Bâtiments industriels. Industrie, architecture et territoire». In: Isabelle Charollais, Jean-Marc Lamunière and Michel Nemec, L'architecture à Genève 1919–1975, S. / p. 773–809.
[23] Project awarded in 2014 to the architects Fruehauf, Henry & Viladoms, with the ADR landscaping studio.
[24] The competition was led by a general contractor. The mandate for Block A was awarded to the group headed by GD architectes and Bunq; Block B was awarded to the group headed by Jaccaud Spicher, associated with LRS.

Wohnungsbauten Caserne des Vernets / Housing at the fomer Vernets barracks, Genf / Geneva, meier + associés architectes, 2017

Prozesses, in dessen Rahmen 2012 der Vorschlag der Walliser Architekten Bonnard-Woeffray zur Entwicklung eines Leitbildes angenommen wurde.[20] Die Besiedlungsdichte des Viertels liegt nahezu bei 3,0 und impliziert eine Nähe, die eine der Herausforderungen bei der typologischen Studie darstellt. Bei dieser mussten die mengenmässigen Beschränkungen des Bauherren und die der Parzelle berücksichtigt werden, damit die etwa 300 Wohnungen einen qualitätsvollen Lebensbereich bieten und sich gleichzeitig an die städtische Morphologie und die gesetzlichen Auflagen anpassen.
Die Frage nach der Einheit des Ortes wird von Beginn der Projektentwicklung an berücksichtigt, und zwar mit dem gleichen Blick, den man auch auf die Stadt des 19. Jahrhunderts werfen kann, nämlich: eine städtische Einheit, die man erst auf den zweiten Blick genauer differenzieren kann, wenn sich die feinen Unterschiede einer jeden Parzelle offenbaren. In dem Quartier «Cour de Gare» wird das Gefühl der Zugehörigkeit durch die Wiederholung immer wiederkehrender horizontaler Elemente in Form von Markisen, Balkonen, Gesimsen und fortlaufenden Geländern beziehungsweise Brüstungen erzielt. Individualität kommt bei Sockeln, Türen und besonderen Elementen der Gebäudehülle in Abhängigkeit von der Ausrichtung usw. zum Tragen.

Genf: Aneignung zweier grosser Höfe
Das Quartier «Praille-Acacias-Vernets» (PAV), das aus einem 2005 von der Genfer Sektion des Bundes Schweizer Architekten ausgelobten internationalen Ideenwettbewerb mit dem Titel «Genève 2020» hervorgegangen ist,[21] bietet einen unglaublichen Blick auf eine mögliche Stadterweiterung über dem Industriegebiet von La Praille.[22] Hatte man das Prinzip des PAV erst einmal übernommen, begannen die Kantonsbehörden, dessen Einsatzfähigkeit zu testen. Die Gelegenheit, dass das Militär seine Kaserne in Les Vernets räumte, ermöglichte, das grösste jemals in Genf seit den 1960er Jahren realisierte Vorhaben kollektiven Wohnungsbaus mit nahezu 1.500 geplanten Apartments zu konkretisieren. Bei dem 2013 ausgelobten Stadtplanungswettbewerb wurde der Baubestand eines Turms und eines Industriegebäudes berücksichtigt, die durch zwei riesige geschlossene Höfe miteinander verbunden sind.[23] Ein zweiter Wettbewerb zur Typologie dieser beiden Höfe wurde 2017 ausgeschrieben.[24]
Im Rahmen der Häuserblöcke von Les Vernets wurde auch die sehr hohe Besiedlungsdichte mit einem Index von nahezu 4,0 angesprochen. Für jeden der Investoren wurde auf Grundlage des zuvor festgelegten spezifischen Lastenheftes eine eigene Typologie entwickelt, wobei Wohnungen, die sich über eine ganze Etage erstreckten, grundsätzlich favorisiert wurden. Ihre besonderen Eigen-

is expressed in the form of the bases, doors, special cladding elements depending on orientation, etc.

Geneva: appropriation of two large yards
The PAV (Praille-Acacias-Vernets) quarter, a result of the international competition of ideas entitled Genève 2020, which was launched in 2005 by the Genevan section of the Federation of Swiss Architects,[21] offers an incredible vision of a possible urban extension superimposed on the Praille industrial zone.[22] After adopting the PAV principle, the cantonal authorities began to test its operational potential. The fact that the Vernets barracks will be vacated will make it possible to develop the greatest collective housing operation in Geneva since the 1960s, with approximately 1,500 flats being planned. The urban planning competition launched in 2013 intended the morphological elements to consist of a tower and an industrial building, separated by two immense, closed yards.[23] A second consultation on the typological content of the latter two elements was launched in 2017.[24]
With regard to the Vernets blocks, the matter of a very high density was broached, with an index close to 4.0. A particular typology was developed for each investor based on the specifications prepared in advance, with a preference, in principle, for dual-aspect apartments. Their specificity is reflected on the façades by subtle adaptations of dimensions and proportions, thus offering inhabitants the identification of their "own home". A certain form of lightness responds to the general building type defined by the planner, which allows city users and inhabitants to enjoy a sensitive visual perception. Around the building, the floor slabs of the loggia-balconies cut horizontally in front of the columns that mark both the base and the cap. At the heart of the yards, the dislocation of the rooms is expressed in differentiated modes depending on the orientations and programmes.

Lausanne: An island at heart
With the *Métamorphose* project, the city is preparing for an important transformation of its cityscape. *Plaines-du-Loup*, the eco-quarter, is the object of four separate PPA (*Plans partiels d'affectation*, or partial allotment plans), the first of which is being developed and provides for five urban elements with various dimensions and allotments.[25] Following a call for tenders, a competition for Urban Zone B was launched to define the mission statement and award the separate mandates. This consultation allowed our agency to develop an urban composition consisting of four buildings, which was chosen by the jury.[26]
The parties propose a coherent overall form of

heiten spiegeln sich an den Fassaden durch leichte Anpassungen von Dimension und Proportion wider und bieten so dem Bewohner die Möglichkeit zur Identifikation mit seinem «Eigenheim». Der von dem Planer festgelegten Baumasse entspricht eine Form der Leichtigkeit, die eine optisch sensible Wahrnehmung für den Nutzer der Stadt und den Bewohner erlaubt. Im Randbereich heben sich die Platten der Loggien respektive Balkone horizontal vor den Stützen ab, die den Sockel und gleichzeitig auch die obere Deckplatte markieren. Im Inneren der Höfe kommt das «Ausscheren» der Zimmer entsprechend von Ausrichtung und Funktion auf verschiedene Art zum Ausdruck.

Lausanne: Herzstück des Häuserblocks
Mit dem Projekt «Métamorphose» bereitet sich die Stadt auf eine folgenreiche Veränderung ihres Landschaftsbildes vor. Das Ökoquartier «Plaines-du-Loup» ist Gegenstand von vier verschiedenen Teilnutzungsplänen, von denen der erste gerade in der Entwicklung ist[25] und fünf städtische Räume unterschiedlicher Dimension und Nutzung vorsieht. Im Anschluss an eine Ausschreibung für Investoren wurde ein Wettbewerb für den *städtischen Raum B* lanciert, um ein Leitbild festzulegen und verschiedene Mandate zuzuweisen. Dieser Wettbewerb hat unserem Büro ermöglicht, einen städtischen Komplex mit vier Gebäuden zu entwickeln, dem die Jury den Zuschlag gegeben hat.[26]
Der Entwurf sieht ein zusammenhängendes Ensemble in Form einer langgestreckten *offenen Grünanlage* vor. Im Zentrum dieser Grünfläche befindet sich eine «grosse Wiese», die für eine halböffentliche Nutzung bestimmt ist. Die Baukörper erlauben bei einer grösstmöglichen Anzahl von Wohnungen oder Gemeinschaftsbereichen tiefe Blicke ins Innere des Häuserblocks sowie einen Fernblick in die Landschaft. Das Innere des städtischen Komplexes erhält so in Form von Gängen, kleinen Plätzen, Ausblicken oder Zwischenräumen zwischen den Gebäuden eine gewisse Durchlässigkeit.
Die Vielfalt an morphotypologischen Lösungen erfordert eine einheitlichere Behandlung der Gebäudehüllen in diesem Ökoquartier, wo die Baukörper mit vorspringenden Elementen, die Proportionen der Öffnungen, die Textur der Aussenhaut usw. für ein wahrhaftes Zugehörigkeitsgefühl zu dem Ort sorgen sollen. Trotz der Distanz zum Stadtzentrum versucht man mit der Berücksichtigung von Nähe und einem Gegenüber, ein Gefühl von Urbanität in einer sehr diffusen Landschaft zu erreichen.

an open, elongated, square. At the centre of this form, a great meadow has been liberated with the aim of semi-public use. The volumes involved offer deep visual perspectives within the island and views far into the surrounding landscape for the greatest possible number of flats and common spaces. They create porosity inside the urban form, in the guise of passages, little squares, views or gaps among the buildings.
The diversity of the forms and typologies requires a more unitary response in the treatment of the cladding for this eco-quarter, where the volumes are the outstanding elements; the proportions of the openings, the texture of the skin, etc. is likely to establish a true sense of local identity. Despite the distance from the city centre, the sense of proximity, of being face to face, attempts to discover a sense of the city in a very diffuse landscape.

[23] Entwurf aus dem Jahr 2014 von den Architekten Fruehauf, Henry & Viladoms in Zusammenarbeit mit den Landschaftsarchitekten ADR.

[24] Der Wettbewerb wurde durch einen Totalunternehmer gesteuert. Den Zuschlag für den Häuserblock A erhielt der Verbund von GD architectes und Bunq und den Zuschlag für den Häuserblock B Jaccaud Spicher in Zusammenarbeit mit LRS.

[25] Die erste Etappe des Teilnutzungsplans Nr. 1 wird bis 2022 1.200 Wohnungen auf den Markt bringen und nahezu 4.000 bis 2030. Das Fertigstellungsdatum des gesamten Projekts «Métamorphose», das 2006 initiiert wurde, ist bis heute noch nicht wirklich bekannt. Die beiden Grundstücke mit kollektivem Wohnungsbau sind die Ökoquartiere «Plaines-du-Loup» und «Prés-de-Vidy». Gespräch mit Joëlle Rast, Architektin, Stadt Lausanne, am 1. November 2018. /
The first stage of PPA No. 1 will put 1,200 flats on the market between now and 2022 and approximately 4,000 by 2030. Launched in 2006, the date for completing the entire *Métamorphose* project is not really known at this time. The two sites that include collective housing are the *Plaines-du-Loup* and *Prés-de-Vidy* eco-quarters. Conversation with Joëlle Rast, architect of the city of Lausanne, 1 November, 2018.

[26] Drei Gebäude wurden meier + associés architectes anvertraut, das vierte Gebäude wurde den Lausanner Architekten Pont 12 zugeschlagen. Mit der Landschaftsgestaltung sind die Landschaftsarchitekten Oxalis beauftragt. /
Commissions for three buildings have been conferred on meier + associés architectes; the fourth was assigned to Pont 12, architects of Lausanne. The commission for landscaping went to the Oxalis studio.

Wohnungsbau Plaines-du-Loup / Plaines-du-Loup housing, Lausanne, meier + associés architectes, 2017–2022

Cour de Gare, Sitten

Cour de Gare, Sion

Bauherrschaft: privat
Projekt: 2015–2018
Ausführung: 2019–2023
Partner: Archidée, Cagna + Wenger, Pascal Varone, Sitten
Bauingenieur: Kurmann Cretton Ingénieurs, Monthey
Städtebauliche Gestaltung: Bonnard Woeffray, Monthey

Client: private
Project: 2015–2018
Construction: 2019–2023
Partners: Archidée, Cagna + Wenger, Pascal Varone, Sion
Structural engineer: Kurmann Cretton Ingénieurs, Monthey
Urban design: Bonnard Woeffray, Monthey

Mitarbeiter / Collaborators:
Rafael Eloi, Lennart Steemans, Istabrak Bellara, Amalia Jimenez, Clément Meeùs, Amanda Wormsbecker, Camille Wetzel

Das Viertel «Cour de Gare», das nach Jahrzehnte andauernden Diskussionen die Nahtstelle zwischen der historischen Stadt im Norden und der sich jenseits der Bahngleise im Süden herausbildenden Neustadt sicherstellen wird, profitiert von einer aussergewöhnlichen Lage mitten im Zentrum und in unmittelbarer Nähe zum Bahnhof. Der Entwurf für den westlichen Teil des Geländes sieht eine Reihe von sechs Gebäuden vor, die mehrheitlich für kollektives Wohnen bestimmt sind. Die auf einem künstlichen Grund – das heisst auf zwei Parkebenen mit insgesamt mehr als 600 Stellplätzen – errichteten Bauten weisen im Erdgeschoss Geschäftsflächen auf. Am oberen Ende des Quartiers erhebt sich am Bahnhofsplatz ein Bürogebäude, das dem Ort durch seine mineralische Anmutung einen besonderen Akzent verleiht und sich selbst wie ein Wohngebäude artikuliert.
Die Grundstückssituation bringt wegen der Gleisnähe (Explosion), der Nähe zur Kantonsstrasse (Lärm) und zum Flugplatz (Luftraum) erheblich Beschränkungen und Reglementierungen mit sich. Die Konzeption der Wohnungen passt sich an diese normativen Zwänge an, indem hauptsächlich Wohnungen angeboten werden, die sich über die gesamte Etage erstrecken, oder auch Eckwohnungen beziehungsweise Wohnungen, die um einen Innenhof herum angeordnet und vor den mit der nahen Eisenbahn verbundenen Risiken geschützt sind.
Das städtische Gebäudeensemble spielt auf Materialebene mit einer Dualität zwischen mineralischem und metallischem Aspekt: Die Vergitterung steht im Dialog mit den subtilen Knicken des Fassadenblechs, dessen Farbgebung entsprechend der Gebäude leicht variiert und einen Kontrast zu den Teilen aus Fertigbeton bildet.

After many decades of discussions, the "Cour de gare" quarter will connect the historic part of the city situated to the north and the current development beyond the railway tracks to the south, benefiting from its exceptional location in the city centre, directly adjacent to the train station. The project for the western zone of the site includes six buildings, most of which will provide collective housing. Set on an artificial surface – with two subterranean parking levels for a total capacity of over six hundred vehicles – the volumes will include ground floor levels dedicated to commercial uses. An office building will be erected at the station-square end of the quarter, punctuating the location with its mineral expression. It will also be joined to a block of flats.
The location is subject to important regulatory constraints due to the vicinity of the railway lines (risk of explosion), the cantonal trunk road (noise) and the airfield (height limit). The housing design adapts to these regulations by proposing mainly dual aspect flats, corner apartments or flats arranged around vertical patios providing protection against the railway risk.
The choice of materials for the urban presence plays on the duality between mineral and metallic aspects: the rhythm of the bars enters into a dialogue with the subtle folds of the sheet metal weatherboarding, its colorimetric tints varying slightly depending on the building, while contrasting with the prefabricated concrete elements.

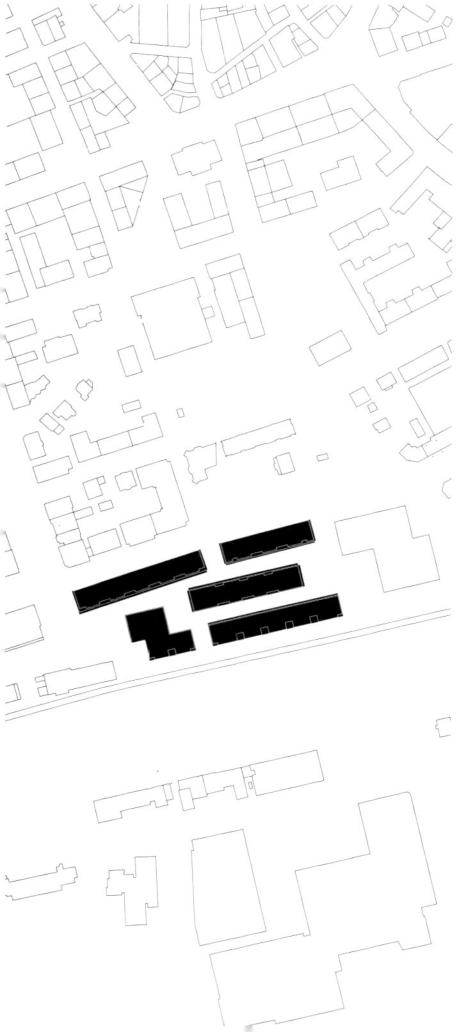

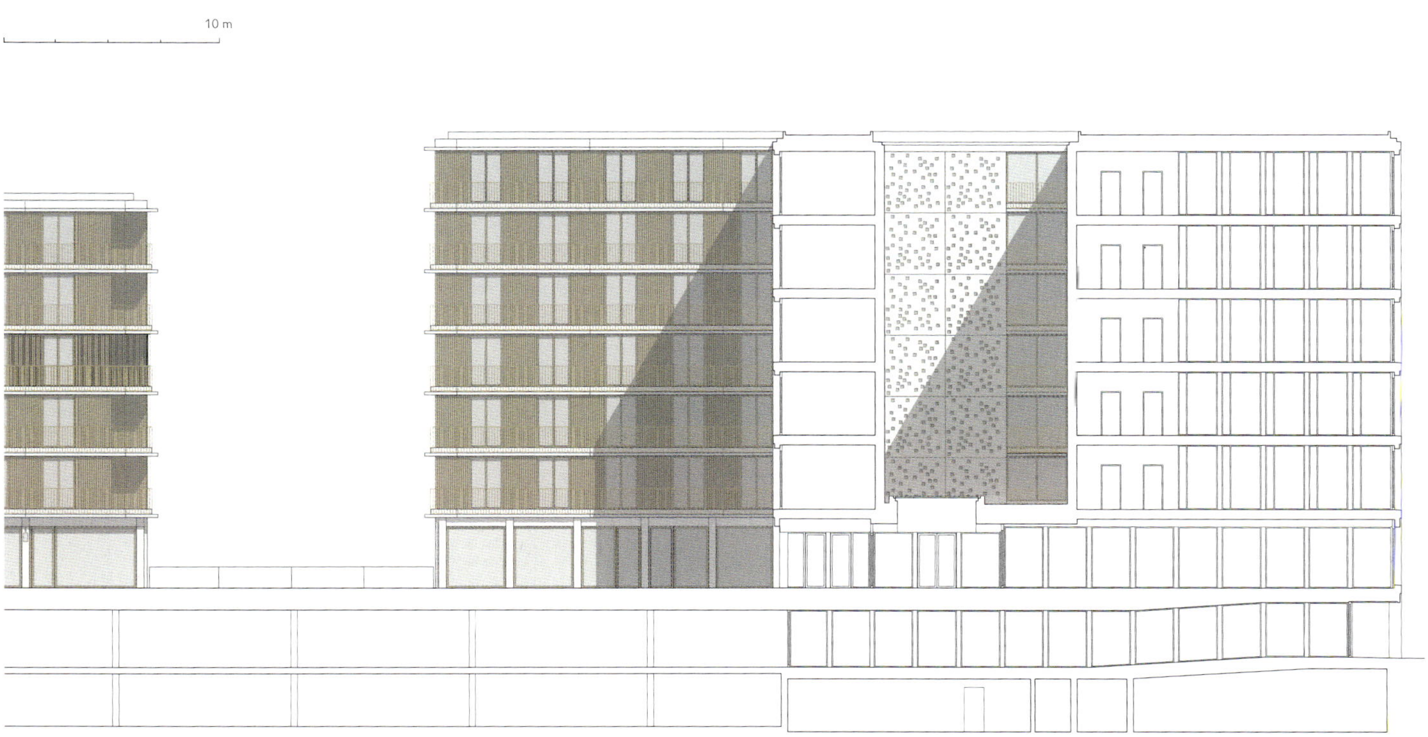
10 m

10 m

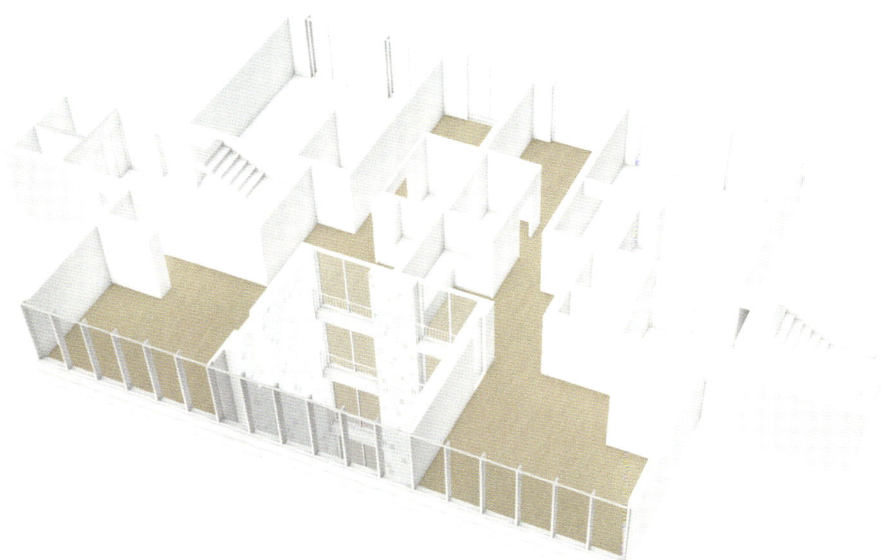

Caserne des Vernets, Genf

Caserne des Vernets, Geneva

Wettbewerb: 2017
Bauherrschaft: Losinger Marazzi
Bauingenieur: Ingegneri Pedrazzini Guidotti, Lugano
Städtebauliche Gestaltung: FHV, Lausanne mit ADR, Genf

Competition: 2017
Client: Losinger Marazzi
Structural engineer: Ingegneri Pedrazzini Guidotti, Lugano
Urban design: FHV, Lausanne with ADR, Geneva

Mitarbeiter / Collaborators:
Rafael Eloi, Teresa Guedes, Poli Gyaurova, Istabrak Bellara, Amalia Jimenez, Elsa Legoupil, Diego Osorio Calvo

Der Entwurf sieht einen stark urban geprägten Komplex mit zwei riesigen Häuserblöcken vor, in denen die Wohnungen nach zwei Seiten hin ausgerichtet sind und weit über den einfachen Typus eines sich über eine ganze Etage erstreckenden Apartments hinausgehen. Tatsächlich bieten fast alle Wohnungen dieser Kategorie einen Blick in einen Innenhof und weisen auf jeder Seite auch eine Aussenfassade auf. Die erforderliche Tiefe zum Erreichen des Plansolls an Flächen setzt voraus, dass man das Zentrum der Wohnung aufwertet und ihm eine Funktion zuordnet, die über eine einfache Eingangshalle hinausgeht. Der Entwurf umfasst auch einige *Cluster*, die für Genfer Wohnungsbaugenossenschaften vorgesehen sind. Die zum Hof hin entsprechend der Haupthimmelsrichtungen gelegenen Zimmer «scheren» so aus, dass sie einen Ausblick bieten und seitlich Sonnenlicht eindringen kann, wodurch eine Art «Vibrationsbewegung» im Inneren des Häuserblocks entsteht.
Die Gebäudehülle eines solchen städtischen Ensembles muss rational und repetitiv konzipiert sein und aus sehr dünnen Sandwich-Elementen aus Recyclingbeton entwickelt werden, mit Fensterrahmen aus Aluminium und Holz. Die Form kann bei einer einfachen Struktur, die dies zulässt, auch durch subtile Material- und Farbvariationen leicht abgeändert werden.

The commissioned designers favoured dual-aspect flats in an urban form composed of two giant islands, where the typology is developed further than a simple apartment stretching from one façade to the other. Actually, almost all the flats in this category offer an interior view that frames the street in relation to the yard and they are decorated by an exterior extension on each face. The depth required to attain the surface quotas made it necessary to enhance the centre of the flat by assigning a use that goes beyond a simple entrance hall. The development also includes some clusters assigned to Genevan housing cooperatives. Towards the yard and depending on their orientation, the rooms are arranged to permit lateral views and natural lighting, all introducing a form of vibration at the heart of the island.
The preferred concept for cladding such an urban setting is both rational and repetitive, developed in very thin recycled concrete sandwich elements, with joinery in aluminium and wood. The introduction of such subtle diversity can be achieved by delicately varying a few materials and colours in a simple structure to consolidate their organisation.

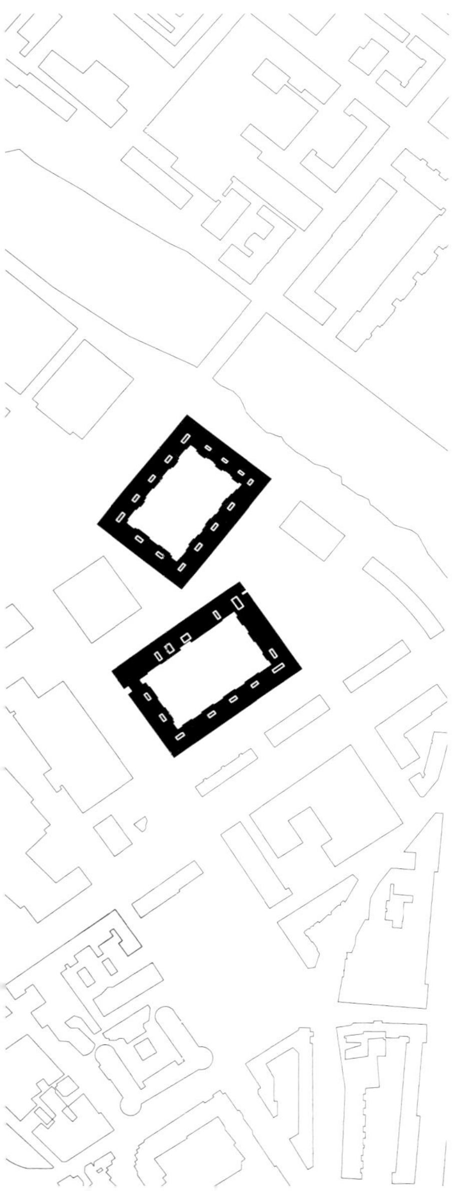

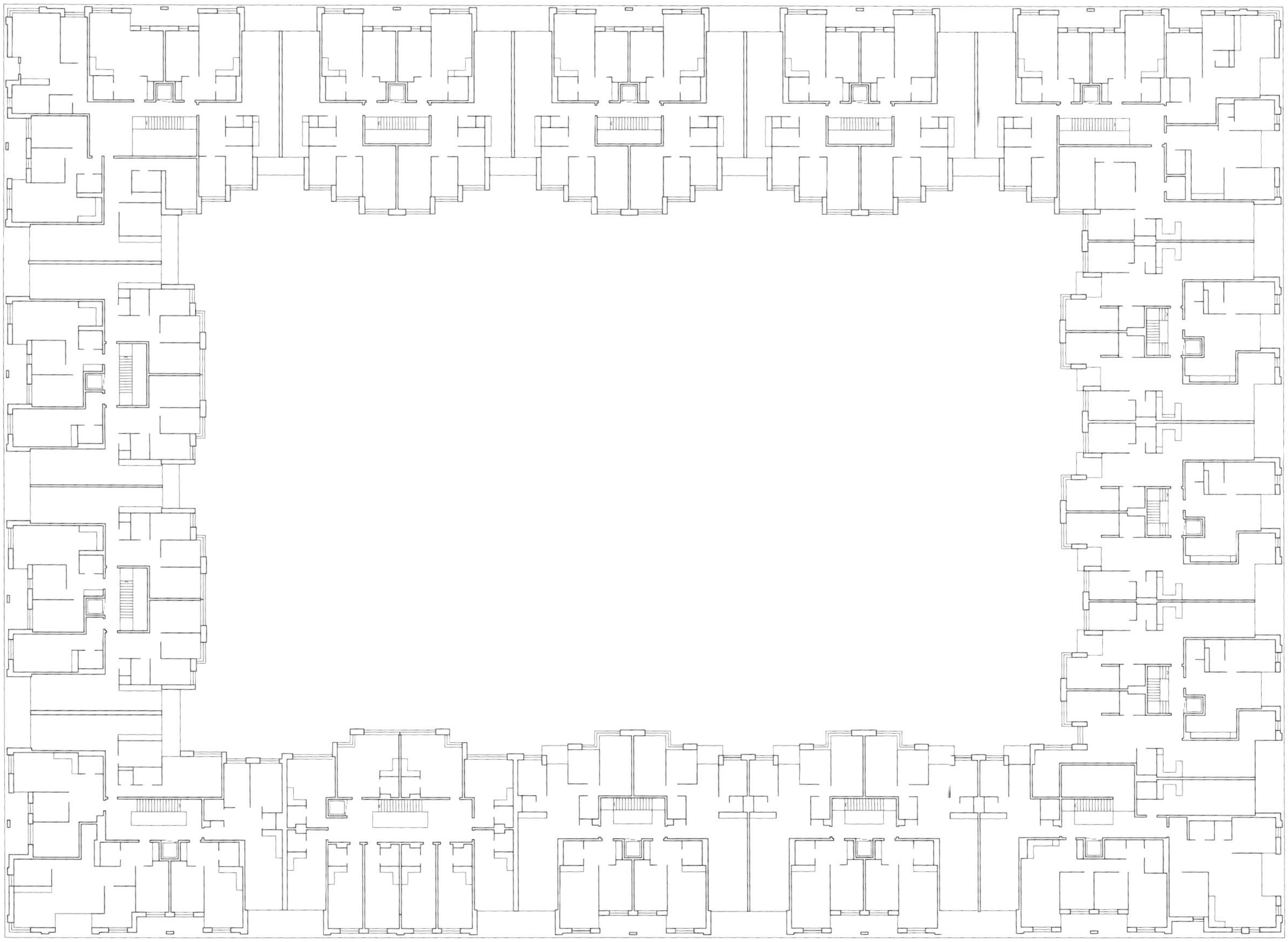

10 m

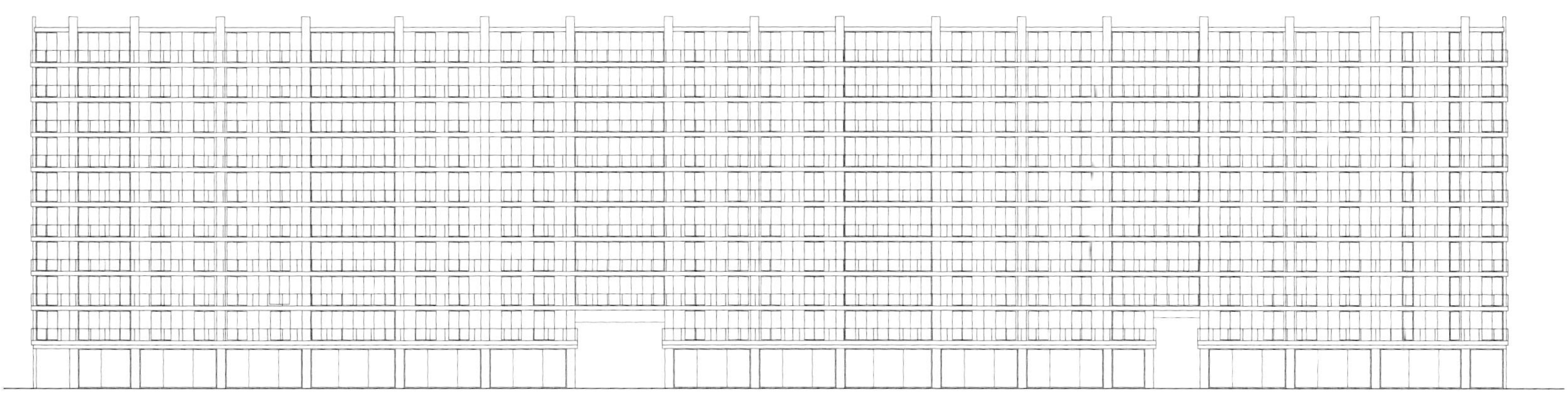

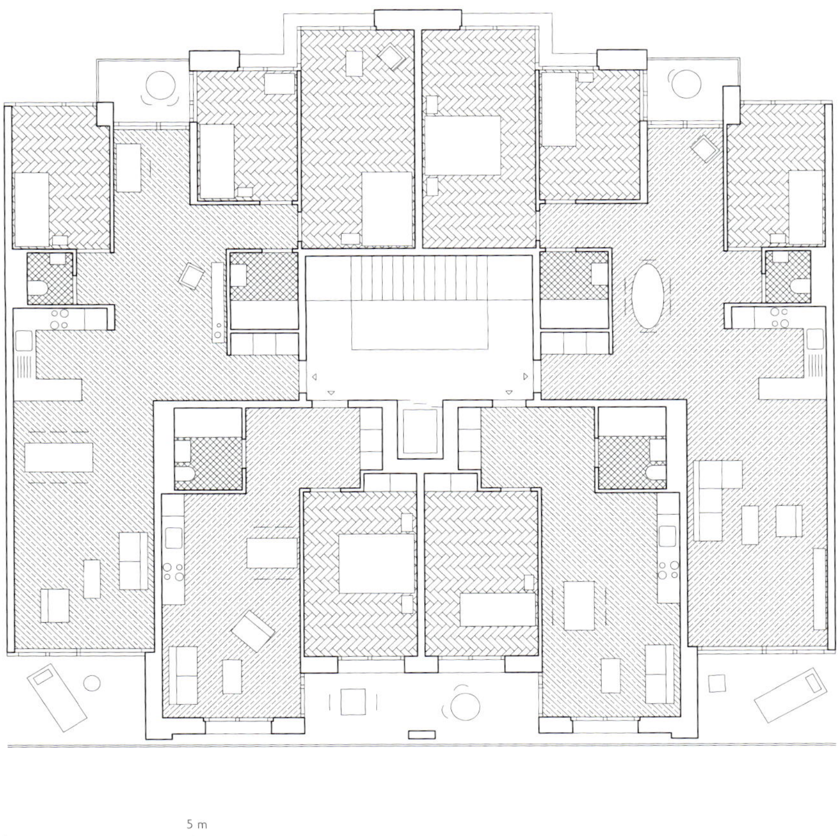
5 m

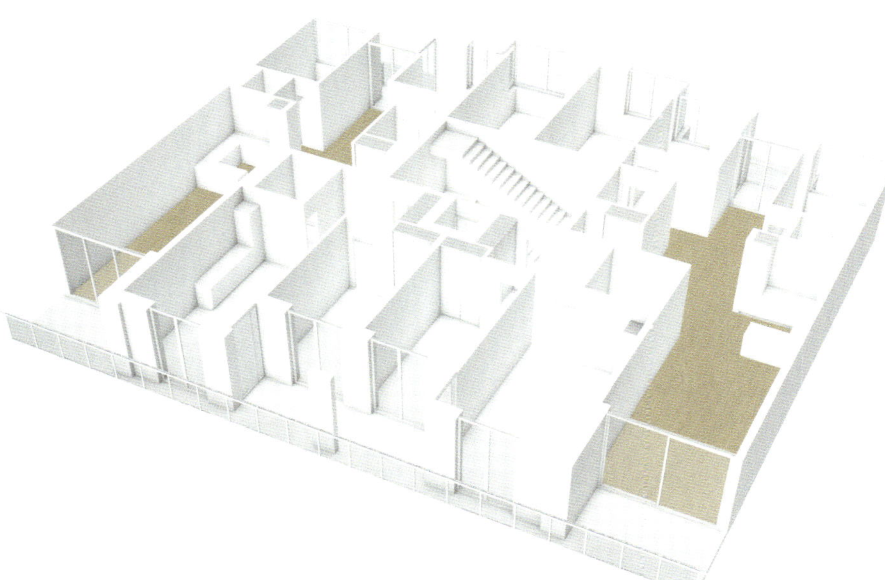

Plaines-du-Loup, Lausanne

Wettbewerb: 2018, 1. Preis
Bauherrschaft: Retraites populaires, Codha, Sill
Projekt: 2018–2019
Ausführung: 2020–2022
Partner: Tekhne, Lausanne (Codha)
Bauingenieur: Ingeni, Lausanne (Retraites populaires, Codha); ab ingénieurs, Lausanne (Sill)
Landschaftsarchitektur: Oxalis, Genf

Competition: 2018, 1st Prize
Client: Retraites populaires, Codha, Sill
Project: 2018–2019
Construction: 2020–2022
Partner: Tekhne, Lausanne (Codha)
Structural engineer: Ingeni, Lausanne (Retraites populaires, Codha); ab ingénieurs, Lausanne (Sill)
Landscape architecture: Oxalis, Geneva

Mitarbeiter / Collaborators:
Rafael Eloi, Teresa Blanco, Teresa Guedes, Poli Gyaurova, Clara Caldeira, Petru Ceban, Michaël Costa Valente, Boris Lalev, Thomas Läng, Elsa Legoupil, Simon Marti, Mathieu Meyer, Alexander Moloney, Mustaf Nuri, Matthias Pengg, Nicolas Romain, Lennart Steemans, Adeline Streel, Charlotte Van der Eynde, Camille Wetzel

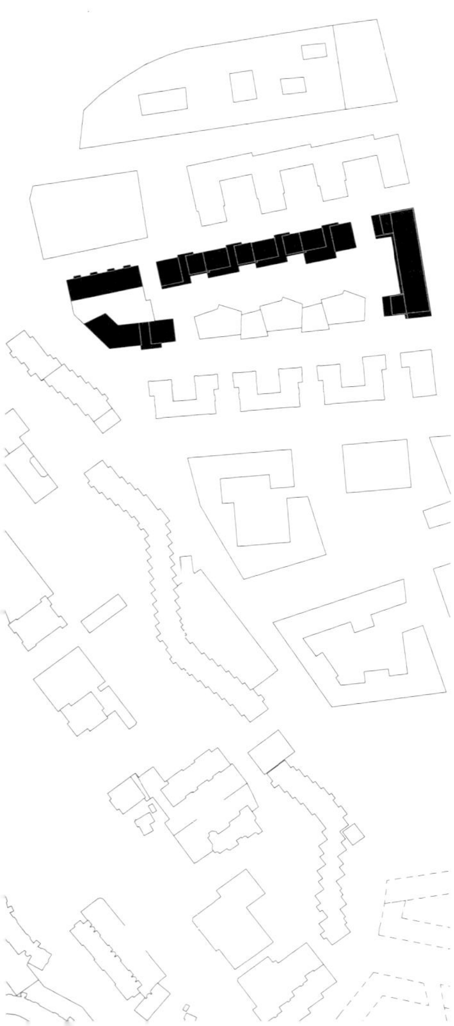

Das Grundstück wird von einer Stadtrandbebauung unterschiedlicher Form gesäumt: im Westen von dem Wohnviertel Pont-des-Sauges, einem spätmodernen Ensemble (B. Calame, J. Schlaeppi, D. Gilliard, 1965–1971), im Osten von alleinstehenden Mietshäusern sowie auf beiden Seiten von den «Stadträumen A und C».
Typologisch präsentiert sich der Entwurf sehr vielseitig, da er für die Bauherren speziellen Kriterien entsprechen muss. Man findet hier Genossenschaftswohnungen – mit Zugängen im Aussenbereich –, subventionierte Wohnungen oder Wohnungen mit freiem Mietzins sowie Seniorenapartments. Ein kleines Geschäftszentrum mit einer durchgehenden inneren Strasse setzt am Ostende des Grundstücks einen Akzent. Auf dem Dach des Geschäftszentrums befindet sich eine Panoramaterrasse mit Blick auf die Alpen, die für alle Bewohner zugänglich ist. Die künftigen Bewohner sind zur aktiven Teilhabe aufgefordert, damit der öffentliche Bereich belebt wird und Geselligkeit einzieht.
Um der funktional begründeten volumetrischen Vielgestaltigkeit zu entsprechen, hat man sich für eine recht einheitliche Materialwahl sowohl für die Struktur als auch für die Gebäudehülle entschieden, bei der vor allem Holz und Terrakotta zum Einsatz kommen. Dabei spielen auch Nähe – mehr als 50 Prozent sind einheimische Materialien –, Nachhaltigkeit, Erneuerbarkeit und Rückbau, graue Energie, Rückgewinnung beziehungsweise Wiederverwertbarkeit eine grosse Rolle.

Plaines-du-Loup, Lausanne

The site is surrounded by suburban constructions of various types: to the west, the residential quarter of Pont-des-Sauges, a late Modernist work (B. Calame, J. Schlaeppi and D. Gilliard, 1965–1971); to the east, rented housing in an irregular order on one side, urban blocks A and C on the other.
The typological diversity is quite rich because it must satisfy the specifications of the contracting authorities. There are cooperative housing blocks – with external distribution, subsidized and free rental housing, as well flats for seniors. A small shopping centre crossed by an interior causeway highlights the eastern head of the site. Its roof offers a panoramic terrace facing the Alps and is accessible to the whole resident community. The participation of future inhabitants is aimed at ensuring that the public space remains lively and pleasant.
To respond to the volumetric diversity deriving from the programmes, it was decided to use uniform materials for both the structure and cladding, namely wood and terracotta. This approach includes the principles of local materials – at over fifty percent – while also being durable, renewable and easy to dismantle, thus performing well in terms of grey energy, recycling and recovery.

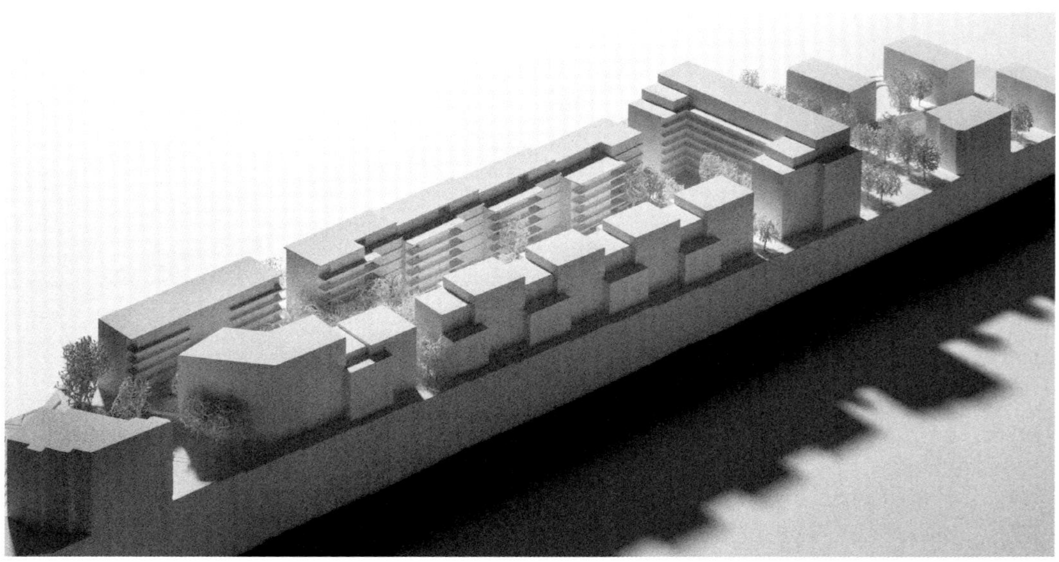

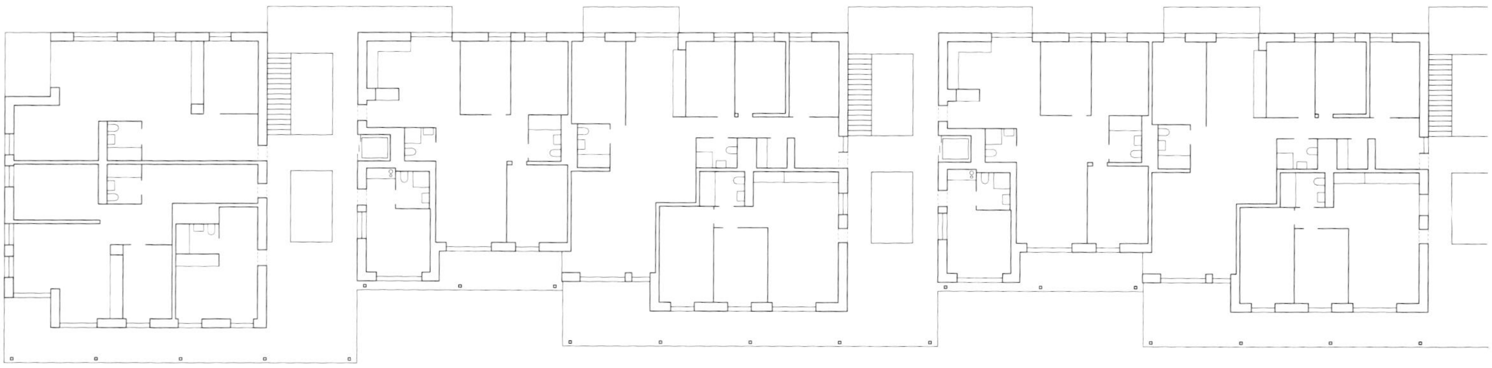

10 m

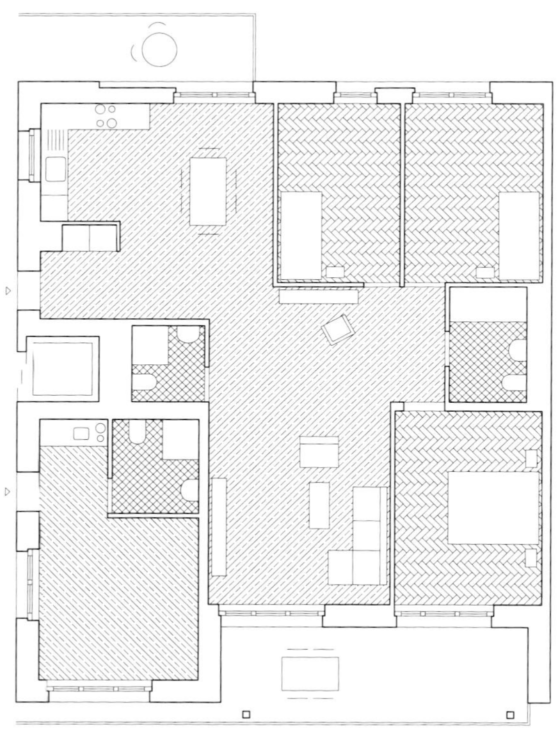

5 m

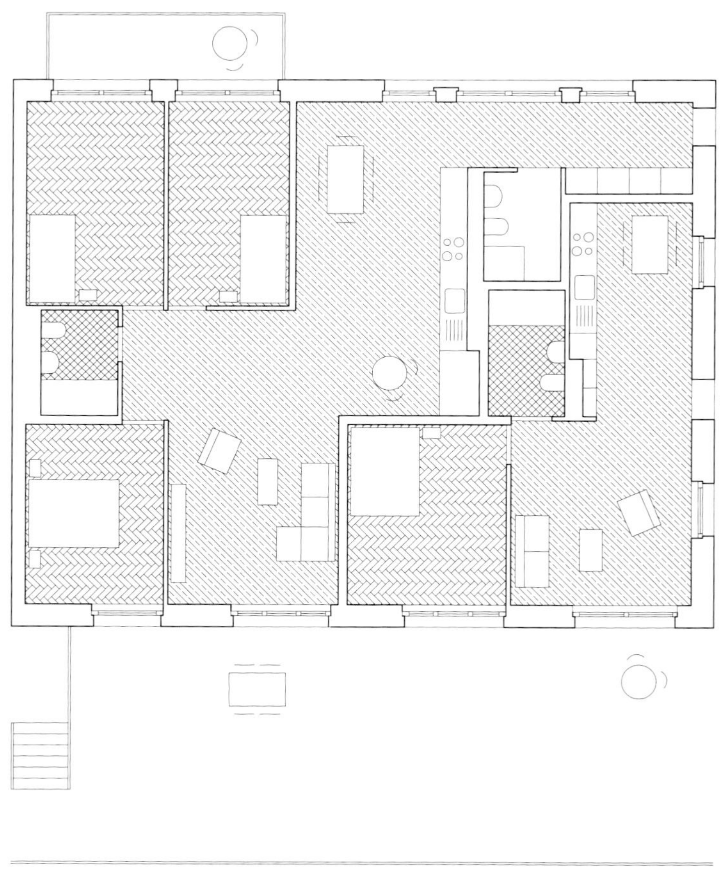

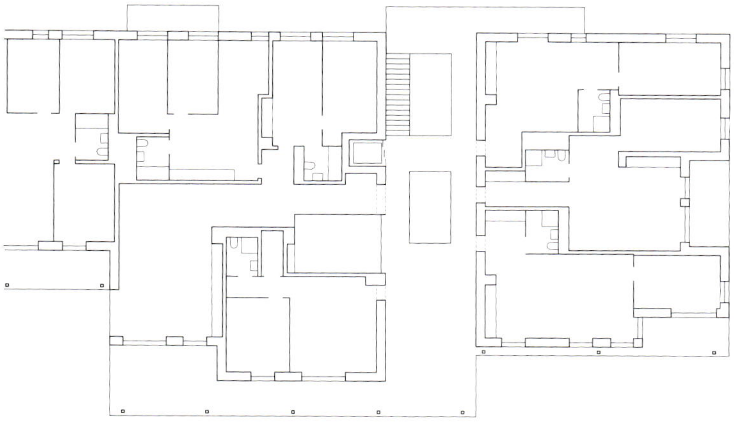

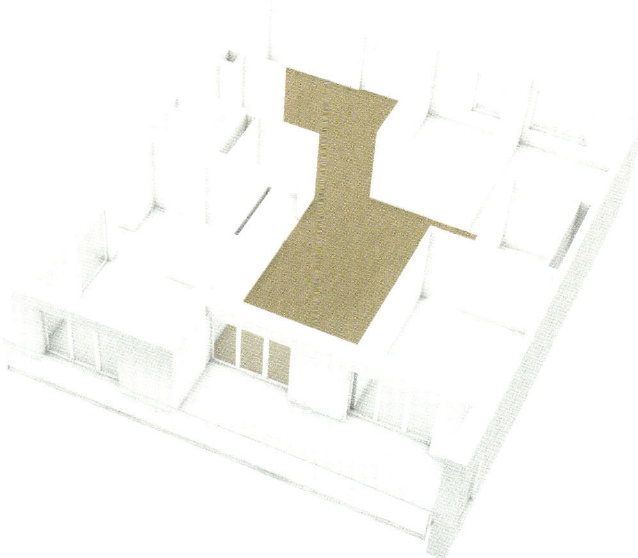

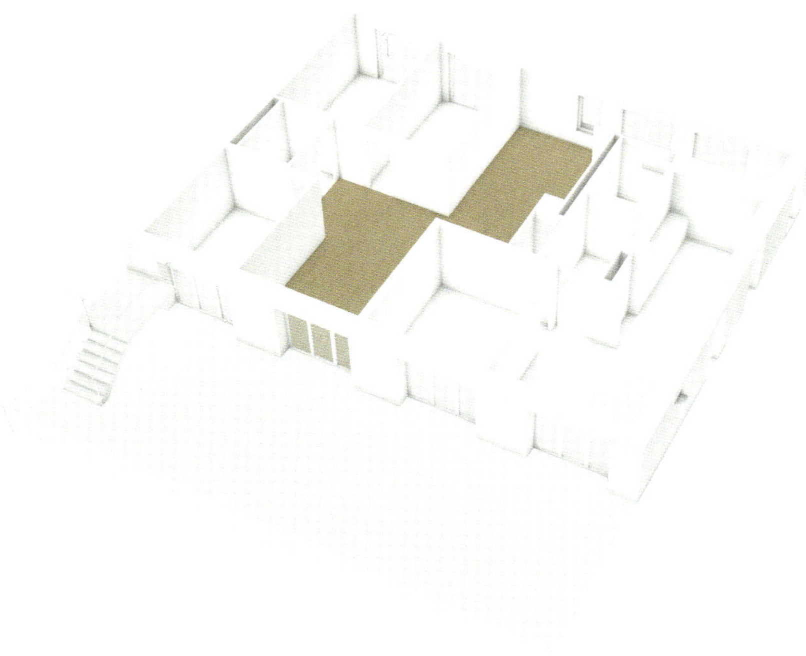

Werkverzeichnis / List of works

Auswahl Bauten, Projekte und Wettbewerbe / Selection of buildings, projects and competitions

1990	**1**	Wettbewerb für einen Schulkomplex, Monthey, Wallis; 6. Preis
1991		Wettbewerb für ein Sportzentrum, Yverdon-les-Bains, Waadt; 3. Preis
1992	**2**	Wettbewerb für ein Autobahnwartungszentrum, Siders, Wallis; 5. Preis
1993		Internationaler Wettbewerb für ein «Solar»-Verwaltungsgebäude, Marseille, Frankreich; 3. Preis
1994		Ideenwettbewerb für das Sportzentrum von Bulle, Freiburg; 1. Preis
		Wettbewerb für ein Altenwohnheim, Satigny, Genf; 2. Preis
1995		Ideenwettbewerb für eine Einzelhaussiedlung, Vandœuvres, Genf; 1. Platz
		Machbarkeitsstudie für die EXPO 2001, Seen von Neuenburg, Biel und Murten
		Wettbewerb für das Theater von Neuenburg; 5. Preis
1996		Realisierung der Holzschiffswerft, Tannay, Waadt
	3	Realisierung des Pavillon am Ufer des Genfer Sees, Mies, Waadt
		Wettbewerb für den Schulkomplex von Peschier, Genf; 3. Preis
1997		Internationaler Wettbewerb für das Ethnographische Museum, Place Charles-Sturm, Genf; 2. Preis
1998		Wettbewerb für die Grundschule von Pully-Nord, Waadt; 3. Platz
1999	**4**	Realisierung der Grundschule «Chaucey», Coppet, Waadt (Wettbewerb 1996; 1. Preis)
		Restaurierung und Umbau der Villa «La Concorde» sowie des öffentlichen Parks, Genf
	5	Realisierung von zwei «Aussenräumen», Vessy, Genf
		Internationaler Wettbewerb für die Erweiterung der OMPI (Weltorganisation für geistiges Eigentum), Genf
2000		Wettbewerb für die Kindertagesstätte von Chateaubriand, Genf; 3. Preis
2001		Realisierung des Handwerksgebäude, La Pallanterie, Meinier, Genf
		Realisierung der Villa F, Grand-Saconnex, Genf
		Wettbewerb für die Orientierungsschule von Cayla, Genf; 2. Platz
2002		Wettbewerb für ein Altenwohnheim, Naters, Wallis; 8. Preis
		Erweiterung und Umbau zweier Villen, Chêne-Bougeries, Genf
		Realisierung der Schlosserhalle, La Pallanterie, Meinier, Genf
2003	**6**	Bau der Villa CP, Corsier, Genf
	7	Realisierung der «Topali»-Berghütte, St. Niklaus, Wallis (Wettbewerb 2000; 1. Preis)
		Wettbewerb für das Schulhaus Sekundarstufe von Seymaz, Chêne-Bourg, Genf; 3. Preis
		Bau der Villa B, Bressaucourt, Jura
		Wettbewerb für eine Mehrzwecksporthalle, Fully, Wallis; 2. Preis
2004		Realisierung des Gemeindesaals von Commugny, Waadt (Wettbewerb 2000; 1. Preis)
	8	Bau der Technikerschule CIFOM, Automobilsektor, Le Locle, Neuenburg (Wettbewerb 2000; 1. Preis)
	9	Realisierung des Gymnasium «Les Pressoirs», Lonay, Waadt (Wettbewerb 2001; 1. Preis)
		Bau der Villa T, Bernex, Genf
		Wettbewerb für das Schulhaus Sekundarstufe von Drize, Veyrier, Genf; 4. Platz
2005		Wettbewerb für das Truppenlager «La Garenne», Sitten, Wallis; 2. Preis
		Wettbewerb für einen Wohnungsbau und eine Kindertagesstätte, Genf; 3. Preis
2006		Bau des Collège de la «Planchette», Aigle, Waadt (Vorauswahl 2000; 1. Platz)
		Realisierung der europäischen Zentrale für die Ölgesellschaft Lundin, La Pallanterie, Meinier, Genf
	10	Realisierung eines Mischnutzungsbaus mit Wohnungen und Grundschule, Genf
2007		Wettbewerb für wirtschaftliche Wohnungen, Cressy, Genf; 2. Preis
	11	Realisierung eines Schwimmbades zu Therapiezwecken, Landeyeux, Neuenburg
2008	**12**	Bau eines Schulungszentrums, Bure, Jura (Wettbewerb 2003; 1. Preis)
	13	Bau eines Altenwohnheims, Etoy, Waadt
		Wettbewerb für die Erweiterung des Ethnographischen Museums, Boulevard Carl-Vogt, Genf
		Wettbewerb für die Erweiterung der «Borzuat»-Schule, Siders, Wallis; 2. Preis
2009	**14**	Realisierung von zwei Logistikhallen, Bure, Jura (Wettbewerb 2003; 1. Preis)
	15	Bau der Villa A, Corsier, Genf
		Entwurf für ein Mischquartier, Chavannes-près-Renens, Waadt (laufendes Verfahren)
		Wettbewerb für das psychiatrische Krankenhaus von Cery, Prilly, Waadt; 4. Preis
		Wettbewerb für ein Verwaltungsgebäude, Lancy, Genf; 2. Preis
		Wettbewerb für die Renovierung der Schule École des Boudines, Meyrin, Genf; 2. Platz
2010		Wettbewerb für den Luftstützpunkt von Payerne, Waadt; 3. Preis
		Wettbewerb für das waadtländische Haus des Sports, Leysin, Waadt; 2. Platz

1

2

3

4

5

6

7

8

9

10

11

12

13

14

15

2010		Wettbewerb für das Krankenhaus Riviera-Chablais, Rennaz, Waadt; 2. Preis
		Wettbewerb für den neuen europäischen Sitz von AGC, Louvain-la-Neuve, Belgien
	16	Entwurf für ein Apartmentgebäude, Paris, Frankreich
2011	**17**	Bau eines Gebäudes mit 120 wirtschaftlichen Wohnungen, Genf (Wettbewerb 2006; 1. Preis)
		Realisierung eines Autobahnzentrums, Saint-Maurice, Wallis (Wettbewerb 2007; 1. Preis)
	18	Wettbewerb für die Mont-Blanc-Brücke, Genf; 2. Preis
2012		Restaurierung des Aussenbaus des Naturhistorischen Museums, Genf (Wettbewerb 2005; 1. Preis)
		Realisierung der Rhone-Brücke (Kantonalstrasse H144), Les Evouettes, Wallis, Waadt (Wettbewerb 2005; 1. Platz)
		Umbau einer Anwaltskanzlei, Genf (Wettbewerb 2011; 1. Preis)
		Wettbewerb für die Erweiterung der Schule von Chateauneuf, Conthey, Wallis; 2. Preis
	19	Wettbewerb für den «Palazzo del Cinema», Locarno, Tessin; 6. Preis
	20	Realisierung einer Veranda, Genf
2013	**21**	Realisierung eines Mehrzweckgebäudes für ältere Menschen, Delémont, Jura
	22	Wettbewerb für den «Campus Haute Ecole», Delémont, Jura
		Wettbewerb für ein Mehrfamilienhaus für Studenten, Meyrin, Genf; 6. Preis
		Wettbewerb für den Schulkomplex von Couchant, Nyon, Waadt; 2. Platz
2014		Umbau des Gebäudes «La Console», Botanischer Garten von Genf (Wettbewerb 2009; 1. Preis)
		Wettbewerb für Wohnungsbauten, Gebäude für betreutes Wohnen und sonstige Aktivitäten, Quartier von Adret, Lancy, Genf; 4. Preis
	23	Wettbewerb für den Schulkomplex der Gemeinden Ambilly, Thônex, Genf; 3. Preis
		Wettbewerb für ein multifunktionales Gebäude, Cologny, Genf; 1. Preis (laufendes Verfahren)
2015		Entwurf für ein Gebäude von 45 Wohnungen, Genf (laufendes Verfahren)
		Realisierung des Onkologiezentrums, CHUV (Universitätsspital), Lausanne, Waadt (Wettbewerb 2008; 1. Preis)
		Restaurierung der Villa Jeanneret-Reverdin, Cologny, Genf
		Realisierung einer Erweiterung in Form eines Restaurants und einer Büroetage, CHUV (Universitätsspital), Lausanne, Waadt
		Entwurf für den Sektor «Cour de Gare», Sitten, Wallis (laufendes Verfahren)
	24	Wettbewerb für die Markisen des Bahnhofs von Bulle, Freiburg
	25	Realisierung der Villa B, Collonge-Bellerive, Genf
2016		Bau der Mediathek des Wallis, Sitten, Wallis (Wettbewerb 2008; 1. Preis)
		Restaurierung des Gebäudes «Miremont-le-Crêt», Genf (Wettbewerb 2011; 1. Preis)
		Wettbewerb für das Collège de Courbet, La Tour-de-Peilz, Waadt; 4. Preis
		Wettbewerb für Wohnungsbauten in Vessy, Genf; 7. Preis
		Entwurf für betreutes Wohnen, Delémont, Jura (laufendes Verfahren)
		Wettbewerb für den Umbau der Klinik Sainte-Claire, Siders, Wallis; 3. Preis
	26	Wettbewerb für das Gebäude für Biowissenschaften, UNIL, Ecublens, Waadt; 6. Preis
		Entwurf für den Umbau des Haupteingangs des CHUV (Universitätsspitals), Lausanne (laufendes Verfahren)
		Entwurf für ein ambulantes chirurgisches Zentrum, Genf (laufendes Verfahren)
		Entwurf für die Aufstockung eines Gebäudes, Genf (laufendes Verfahren)
2017		Bau der Handelsschule «Raymond Uldry», Frontenex, Genf (Wettbewerb 2009; 1. Preis)
		Umbau und Erweiterung der Schule «Les Perraires», Collombey-Muraz, Wallis (Wettbewerb 2012; 1. Preis)
		Realisierung der Fassaden des Operationstraktes des Universitätsspitals CHUV, Lausanne (Wettbewerb 2014; 1. Preis)
		Wettbewerb für 1.000 Wohnungen in der «Caserne des Vernets», Genf; Finalistenentwurf
		Bau eines Apartmentgebäudes auf dem Land, Presinge, Genf (Wettbewerb 2013; 1. Preis)
		Wettbewerb für die Gebäude der Internationalen Polizei und des Zentrums für Asylbewerber, Genf; 4. Preis
2018		Wettbewerb für das Staatsarchiv von Genf; 2. Preis
		Wettbewerb für das Schulhaus Sekundarstufe von Balexert, Genf; 3. Preis
	27	Wettbewerb für Umbau und Aufstockung des «Collège Rousseau», Genf; 4. Platz
		Wettbewerb für den Stadtraum B, Éco-quartier « Plaines-du-Loup », Métamorphose, Lausanne; 1. Preis (laufendes Verfahren)
		Realisierung der Villa L, Bernex, Genf
		Wettbewerb für ein alpines Bildungszentrum, Leysin, Waadt; 1. Preis (laufendes Verfahren)
	28	Renovierung der Stiftung für medizinische Forschung «La Tulipe», Genf; 1. Platz (laufendes Verfahren)
		Wettbewerb für die École du Rolliet, Quartier Cherpines, Plan-les-Ouates, Genf; 3. Preis
		Wettbewerb für die Hochschule für Gesundheit, Genf; 3. Preis

16

17

19

18

20

21

22

23

24

25

26

27

28

Philippe Meier

1962	Geboren in Genf
1982–1983	Praktikum bei Jean-Marc Lamunière, Genf
1983–1993	Tätigkeit als freiberuflicher Schiffsarchitekt bei Sébastien Schmidt in Genf
1987	Diplom in Architektur an der EPFL bei Jean-Marc Lamunière und Alessandro Anselmi
1989–1990	Mitarbeiter bei Alessandro Anselmi, Rom
1990–1998	Tätigkeit als freiberuflicher Architekt in Genf
1990–1999	Assistent von Prof. Patrick Mestelan, EPF Lausanne
1993	Eidgenössisches Stipendium für angewandte Kunst, bei Sébastien Schmidt
1993	Assistent von Prof. Alessandro Anselmi, EPF Lausanne
1993–1998	Redakteur der Zeitschrift *Archimade*
1996–2006	Korrespondent für die internationale Zeitschrift *Area*
1998	Gründung von meier + associés architectes zusammen mit Ariane Poncet
1999–	Vortragstätigkeit in der Schweiz und in Europa
2002–	Wettbewerbsjurymitglied in der Schweiz
2003–2004	Gastprofessor an der École Nationale d'Architecture in Strassburg
2004	Gastprofessor an der École Nationale d'Architecture in Nancy
2004–2005	Gastprofessor an der Eidgenössischen Technischen Hochschule Lausanne (EPFL)
2006–	Mitglied des Bundes Schweizer Architekten (BSA)
2007–2008	Gastprofessor an der École Nationale d'Architecture in Lyon
2007–	Autor von Publikationen zur modernen und zeitgenössischen Architektur
2007–2015	Mitglied des Komitees der Genfer Sektion des Bundes Schweizer Architekten (BSA)
2014–	Autor des Blogs «Architextuel» auf der Webseite hebdo.ch und letemps.ch
2015–	Gastprofessor für Architekturtheorie an der Hochschule für Landschaft, Technik und Architektur (HEPIA), Genf
2018–	Vizepräsident des Architekten- und Ingenieurverbandes in Genf (FAI)
2018–	projektbezogene Gastprofessur an der HEPIA, Genf
2019	Mitglied des Komitees der Redaktion der Zeitschrift *Faces* und *AS – Architecture Suisse*

1962	Born in Geneva
1982–1983	Internship at Jean-Marc Lamunière, Geneva
1983–1993	Freelance shipping architect at Sébastien Schmidt in Geneva
1987	Graduated in Architecture at the ETHL under Jean-Marc Lamunière and Alessandro Anselmi
1989–1990	Employed at Alessandro Anselmi, Rome
1990–1998	Freelance architect in Geneva
1990–1999	Assistant to Prof. Patrick Mestelan, ETH Lausanne
1993	Federal applied art scholarship under Sébastien Schmidt
1993	Assistant to Prof. Alessandro Anselmi, ETH Lausanne
1993–1998	Editor of the journal *Archimade*
1996–2006	Correspondent for the international journal *Area*
1998	Founded meier + associés architectes with Ariane Poncet
1999–	Lecturer in Switzerland and Europe
2002–	Competition jury member in Switzerland
2003–2004	Guest Professor, École Nationale d'Architecture in Strasbourg
2004	Guest Professor, École Nationale d'Architecture in Nancy
2004–2005	Guest Professor, Eidgenössische Technischen Hochschule Lausanne (ETHL)
2006–	Member of the Federation of Swiss Architects (BSA)
2007–2008	Guest Professor, École Nationale d'Architecture in Lyon
2007–	Author of publications on modern and contemporary architecture
2007–2015	Committee Member, Geneva Section of the Federation of Swiss Architects (BSA)
2014–	Author of the blog Architextuel on the websites hebdo.ch and letemps.ch
2015–	Guest Professor of Architectural Theory, Hochschule für Landschaft, Technik und Architektur (HEPIA), Geneva
2018–	Vice President, Association of Architects and Engineers (FAI), Geneva
2018–	Project-related Guest Professor, HEPIA, Geneva
2019	Editorial Board Member, *Faces* and *AS – Architecture Suisse* (journal)

Ariane Poncet	1966	Geboren in Lausanne
	1991–1992	Praktikum bei Franco Pierluisi (Studio GRAU), Rom
	1993	Diplom in Architektur an der Architekturhochschule der Universität Genf (EAUG) bei Luca Ortelli und Bruno Reichlin
	1995–1998	Tätigkeit als freiberufliche Architektin in Genf
	1998	Gründung von meier + associés architectes mit Philippe Meier
	2000–2001	Assistentin bei Prof. Vincent Mangeat, EPF Lausanne
	1966	Born in Lausanne
	1991–1992	Internship at Franco Pierluisi (Studio GRAU), Rome
	1993	Graduated in Architecture at the Ecole d'Architecture et d'Urbanisme de Genève (EAUG) under Luca Ortelli and Bruno Reichlin
	1995–1998	Freelance architect in Geneva
	1998	Founded meier + associés architectes with Philippe Meier
	2000–2001	Assistant to Prof. Vincent Mangeat, EPF Lausanne
Martin Jaques	1972	Geboren in Lausanne
	1994	Praktikum bei Agrest & Gandelsonas, New York, und bei Brodbeck & Roulet, Genf
	1996	Diplom in Architektur an der EPFL bei Arduino Cantafora und Inès Lamunière
	1996–2000	Mitarbeiter bei Sigfrido Lezzi in Genf
	2000–2011	Mitarbeiter bei meier + associés architectes in Genf
	2011–	Partner bei meier + associés architectes in Genf
	1972	Born in Lausanne
	1994	Internship at Agrest & Gandelsonas, New York, and Brodbeck & Roulet, Geneva
	1996	Graduated in Architecture at the ETHL under Arduino Cantafora and Inès Lamunière
	1996–2000	Employed at Sigfrido Lezzi in Geneva
	2000–2011	Employed at meier + associés architectes in Geneva
	2011–	Partner at meier + associés architectes in Geneva
Ana-Inès Pepermans	1980	Geboren in Brüssel
	2001	Praktikum im Bereich Restaurierung bei F. Castro Nieto, Santiago de Compostela ES
	2002	Praktikum an der Universität von Buenos Aires, Forschungszentrum für Wohnungswesen und Energie
	2002–2003	Erasmus-Stipendiatin an der EPF Lausanne
	2004	Diplom in Ingenieurwesen und Zivilarchitektur an der katholischen Universität Louvain-la-Neuve (UCL), Belgien, bei Christian Gilot und Jean Stillemans
	2004–2011	Praktikantin, dann Mitarbeiterin bei meier + associés architectes in Genf
	2009–2012	Mitglied des Komitees des Schweizerischen Werkbunds, Sektion Romandie
	2011–	Partnerin bei meier + associés architectes in Genf
	2011–2015	Assistentin an der ENAC, EPFL bei Prof. Andrea Bassi
	2013	Präsidentin des Schweizerischen Werkbunds, Sektion Romandie
	1980	Born in Brussels
	2001	Internship focusing on restoration at F. Castro Nieto, Santiago de Compostela ES
	2002	Internship at the University of Buenos Aires, Research Centre for Housing and Energy
	2002–2003	Erasmus scholarship at the EPFL
	2004	Graduated in Engineering and Civil Architecture at the Université catholique de Louvain (UCL), Belgium under Christian Gilot and Jean Stillemans
	2004–2011	Internship, then employed at meier + associés architectes in Geneva
	2009–2012	Committee member of the Schweizerische Werkbund, Suisse Romande Section
	2011–	Partner at meier + associés architectes in Geneva
	2011–2015	Assistant to Prof. Andrea Bassi at the ENAC, EPFL
	2013	President, Schweizerische Werkbund, Suisse Romande Section

Patner / Partners	Martin Jaques, Ariane Poncet (Gründerin / founder), Philippe Meier (Gründer / founder), Ana-Inès Pepermans
Direktionsmitglied / Member of the management	Rafael Eloi
Mitarbeiter / Collaborators	aktuell / current Clara Caldeira, Petru Ceban, Maud Christophe, Isabelle Ciccone, Firas Elhamdi, Stéfane Goux, Teresa Guedes, Poli Gyaurova, Amalia Jimenez, Olfa Kaabi, Loïc Kasteler, Boris Lalev, Romain Lekieffre, Samuel Lourenço, Simon Marti, Mathieu Meyer, Arnaud Mottet, Mustaf Nuri, Adriano Reis, Nicolas Romain, Merlin Rozenberg, Pauline Sail, Lennart Steemans, Charlotte Van den Eynde, Florence Zimmermann ehemalig / former Pascale Abbé, Sara Adakan, Marta Alpuim, Daniel Baptista, Antoine Barc, Catherine Beauverd, Istabrak Bellara, Rémi Benoît-Janin, Pascual Bernad, Lara Bernath, Christophe Berther, Laure Bertrand, Teresa Blanco, Thomas Bolliger, Magali Boujol, Aurélien Bourdet, Guillaume Boussemart, Laurence Boyé, Sylwia Braun-Meichtry, Manuel Bravo, Nicolas Briffod, Michèle Buchwalder, Sibylle Bühler-Beltran, Francesc Capdevila Figueras, Maximilien Catsiyannis, Edson Cayana, Didier Challand, Nolwen Chamorel, Tanguy Ciccone, Maxime Cinquin, Annabelle Clerc, Solange de Claparède, Lucie Clerc, Michaël Costa Valente, Caroline Courvoisier, Victoria D'Alisa, Marc De Dompierre, Paolo Duarte, Nicolas Dubois, Ludovic Durand, Philippe Ehinger, Brieuc Elyn, Ava Ewald, Carolina Faustino Ribeiro Da Silva, Joel Fernandes, Victor Ferreira, Sandrine Feurer-Taillebois, Hélène Finsterwald, Patrick Flum, Renaud Ganière, Sarah Ganty, Catherine Gaughran, Franzisca Gautschi, Jean-Marc Gentina, Jean-Claude Girard, Raphaëlle Golaz, Philippe Gosteli, Elise Grandjean, Frédéric Grillet, Caroline Guinans, Johanna Hallgren, Emil Ham Petersson, Rachel Hamel, Kim Henny Perinet-Marquet, Patrick Henriques, Frank Herbert (partner 2001–2011), Julie Imholz, Lu Ip Win, Yan Iussi, Amadeus Kapp, Lorraine Knoerle, Angelos Komninos, Lelio La Macchia, Jean-Baptiste Lamballe, Thomas Läng, Marc Langenegger, Tian-Ni Le, Yann Le Charlès, Sébastien Le Dortz, Elsa Legoupil, Tiago Liborio Mendes, Rodrigo Lino Gaspar, Julio Lopez Paredes, Marc Losenegger, Francisca Machado Lima, Romain Martin, Antonio Martin Prieto, Catherine Martinie, Jean-Christophe Mathen, Olivier Matthey, Clément Meeùs, Tiago Menino, Yoana Milian Lucas, Laurent Miranda, Alexander Moloney, Mario Monteiro, Pierre Moriceau, Thieu-Quang N'guyen, Raphaël Niogret, José Ortells Barbero, Diego Osorio Calvo, Nicolas Pailler, Jean-Daniel Pasquettaz (partner 2003–2011), Roni Pazzini, Matthias Pengg, Martine Perret, Géraldine Petit, Christophe Pidoux, Joana Pimenta, Enzo Poncet, Nathanaël Pons, Joao Pontes, David Reffo, Christine Renold, Adrien Renoult, Inês Ribeiro, Antoine Robert-Grandpierre, Nuno Rosado, Michaela Rozenska, Anina Ruf, Getoar Sadiki, Mikael Schaub, Thierry Sermet, Linda Ines Serra, Kevin Sew Kiat, Fabienne Siegenthaler, Anelia Slavov, Jan Soler, Laurent Sonderegger, Serkan Sönmez, Rachel Sousa, Félix Stämpfli, Pieter Stolz, Adeline Streel, Rita Tadi, Marin Thaller, Jean-Philippe Tournigand-Demilly, Frédéric Triot, Giovanna Trotta, Ildiko Vargay, Joao-Pedro Vaz, Roberto Vazzaz, Marie Veillet, Alexandre Weemaels, Camille Wetzel, Amanda Wormsbecker, Dawit Ytagesu, Samir Zid

Renato Salvi	1956	geboren in La Chaux-de-Fonds / NE
(Textbeitrag / Article by)	1981	Architekturdiplom an der ETH Zürich
	1981–1983	Studiengang Restaurierung von historischen Denkmälern (Universität La Sapienza, Rom)
	1985–1988	Assistent von Prof. Flora Ruchat, ETH Zürich
	1988–1998	Arbeitsgemeinschaft La Transjurane A16 (Renato Salvi-Flora Ruchat)
	1997–1999	Assistent von Prof. Vincent Mangeat, EPF Lausanne
	1998–2011	Büro Salvi Architecture Sàrl, Delémont
	1998–2017	La Transjurane A16 (Renato Salvi)
	1999–2000	Gastprofessor am Cluster-Lehrstuhl der Universität von Barcelona
	2001–2006	Lehrbeauftragter an der Fakultät ENAC der EPF Lausanne
	2006–2011	Lehrbeauftragter an der Fakultät ENAC der EPF Lausanne mit Prof. Dr. Aurelio Muttoni
	2006–2010	Lehrer an der Berufsschule (Centre professionnel) in Delémont
	2010–2017	Architekt der Stadt Sitten / VS
Christoph Wieser	1967	geboren in Wil / ZH
(Textbeitrag / Article by)	1995	Architekturdiplom an der ETH Zürich
	1997–1999	Nachdiplom in Geschichte und Theorie der Architektur, ETH Zürich
	1997–2003	Assistent bei Doz. Dr. Jean-Pierre Junker und Prof. Andrea Deplazes, ETH Zürich
	2003–2009	Redaktor der Fachzeitschrift *werk, bauen + wohnen*, Zürich
	2005	Doktor der technischen Wissenschaften, EPF Lausanne
	2006–2014	Dozent im Masterstudiengang Architektur, ZHAW Winterthur
	2009–2013	Leiter Zentrum / Institut Konstruktives Entwerfen, ZHAW Winterthur
	2013–	Freiberufliche Tätigkeit als Architekturtheoretiker und Publizist
	2013–	Dozent am Institut für Architektur, FHNW Muttenz
	2014–	Dozent im Masterstudiengang Architektur, HSLU Horw
Caspar Schärer	1973	geboren in Liestal / BL
(Textbeitrag / Article by)	1993–1999	Architekturstudium an der ETH Zürich, Diplom bei Mario Campi
	2003–2004	Ringier Journalistenschule
	2003–2008	Freier Journalist, Buchbeiträge und Herausgeberschaften im In- und Ausland
	2008–2017	Redakteur der Zeitschrift *werk, bauen + wohnen*, Zürich
	2012–	Im Vorstand des Architekturforums Zürich
	2013–2017	Leiter des Seminars Architekturkritik am Institut gta der ETH Zürich
	2017–	Generalsekretär des Bundes Schweizer Architekten

Bibliografie / Bibliography (Auswahl / Selection)

1992 Centre sportif communal ‹Aux Iles› à Yverdon-les-Bains. In: Aktuelle Wettbewerbs Scene, Nr. 4/5, S. 106–108.

1993 Centre d'entretien de la N9 Sierre. In: Aktuelle Wettbewerbs Scene, Nr. 2, S. 73–75.

1994 Lyse Wyler, Premier prix d'architecture pour Philippe Meier. In: Tribune de Genève, 12. April, S. 39.

1995 Donato Severo, Concours logement individuel. In: Faces, Nr. 36, S. 61–64.

1996 Théâtre de Neuchâtel. In: Aktuelle Wettbewerbs Scene, Nr. 2, S. 43–44.

1997 Arduino Cantofora (Hg.), Impressions d'espace..., NLDA, Genf (Monographie).

Concours pour le musée d'ethnographie, Genève. In: Aktuelle Wettbewerbs Scene, Nr. 4/5, S. 40–42.

Concorso per il nuovo museo etnografico di Ginevra. In: Rivista tecnica, Nr. 9/10, S. 48–51.

Etienne Dumont, Expositions: Centre d'art en l'île. In: Tribune de Genève, 13. August 1997, S. 24.

Alain Penel, Mag interroge l'espace en l'île avec deux architectes. In: Tribune de Genève, 26. August, S. 1.

Philippe Meier, Jean-François Kälin, Transformation d'une halle légère en chantier naval. In: Journal de la construction romande, Nr. 12, S. 21–24.

Philippe Meier, Le pavillon du lac. In: Journal de la construction romande, Nr 12, S. 25–28.

1998 Philippe Meier, Registre naval. In: Werk, Bauen + Wohnen, Nr. 3, S. 45.

Philippe Meier, Quatre écoles, Catalogue du 250ème anniversaire des Ecoles d'Arts de Genève, S. 76.

Pavillon du lac. In: AS – Architecture Suisse, Nr. 129, S. 21–22.

1999 Collège et centre de vie enfantine à Pully. In: Aktuelle Wettbewerbs Scene Nr. 6, S. 58–60.

2000 Martine Koelliker (Hg.), Villa et jardin ‹La Concorde›, Ville de Genève, Genf (Monographie).

Michel Bonel, La nouvelle école de Coppet joue avec l'air et la lumière. In: Tribune de Genève, 22. Februar, S. 37.

Quim Rosell (Hg.), Pavillon du lac, Mies. In: Waterfont Homes, Loft Publications, New York, S. 156–163.

Christine Amsler, Villa La Concorde. In: Christine Amsler, Maisons de campagne genevoises du XVIIIe siècle, Bd. II, Genf, S. 280–287.

Bruno Marchand (Hg.), meier & associés architectes, projets, réalisations 1990–1999, ITHA-Payot, Lausanne (Monographie).

Yann Gerdil-Margueron, L'école du Chaucey à Coppet. In: Le Temps immobilier, Nr. 28, 11. September, S. 8.

2001 Kurt Weissner, Ausstellung: meier & associés architectes, Genf. In: Bau Doc Bulletin, Nr. 3, S. 3.

Suzanne Kappeler, Material und Landschaft. In: Neue Zürcher Zeitung, 15. April, S. 45.

Michel Bonel, Un bureau de jeunes architectes genevois reconstruit la cabane Topali en Valais. In: Tribune de Genève, 15. Mai, S. 41.

2002 Viviane Scaramiglia, Espace industriel la campagne. In: Bâtir, Nr. 11, S. 13–17.

2003 Bruno Vayssière, Villa à Corsier. In: Architectures à vivre, Sonderausgabe, Juni, S. 111.

Michel Bonel, A Corsier, face à la zone agricole, une villa très contemporaine. In: Tribune de Genève, 22.–23. Juli, S. 29.

Ecole primaire du Chaucey. In: AS – Architecture Suisse, Nr. 150, S. 33–36.

Yves Dreier, Eine Hütte, eine Unterkunft. In: Werk, Bauen + Wohnen, Nr. 10, S. 66–67.

Michel Bonel, Saint-Nicolas a sa cabane. In: Tribune de Genève,14. Oktober, S. 37.

2004 Carlo Parmigiani, Architecture. In: Abstract, Nr. 14, S. 68–71.

Grégoire Alix, Architecture: Trois cents maisons grandes ouvertes. In: Le Monde, 10. Juli, S. 29.

2005 Salle communale de Commugny, école technique CIFOM, Le Locle, collège les Pressoirs, Lonay. In: 3+1 04, Infolio, Gollion (Monographie).

Brigitte Widmer, Cabanes et bivouacs. In: Les Alpes, Nr. 1, S. 32.

Collège ‹Les Pressoirs›. In: AS – Architecture Suisse, Nr. 156, S. 23–24.

2005 Serge Guertchakoff, Lundin Petroleum construit son siège à la Pallanterie. In: Tribune de Genève, 19. April, S. 24.

Philippe Meier, Ariane Poncet, Ecole du Chaucey. In: en visite... (SIA Vaud), S. 27–28.

Maya Roux, Architecture, les tendances. In: Sciences & Vie, Sonderausgabe, S. 10–11.

Norbert Laurent, Géométrie pure. In: Construction moderne, Nr. 121, S. 37–39.

Viviane Scaramiglia, Abri dans l'éther alpin. In: Tendance Déco, Nr. 3, S. 62–64.

2006 Dres Balmer, Topalihütte 2674 m. In: Alpinwandern – Wanderziel Hütte – Ein Kulturführer zu 50 SAC-Hütten, SAC-Verlag, Bern, S. 70–73.

Iris Maluski, Transparences. In: Home magazine, Nr. 2, S. 106–113.

Mikada Krause, Ein offenes Haus. In: Casa Deco, Nr. 4, S. 36–43.

Viviane Scaramiglia, Villa land art – une sculpture de béton ouverte sur le paysage. In: Tendance Déco, Nr. 4, S. 76–84.

Eric Perette, Quatre ouvrages d'art sur la route H144. In: Tracés, Nr. 15–16, S. 18–19.

Aykut Köksal, meier & associés architectes. In: Arredamento Mimarlik, Nr. 4, S. 95–109.

Eric de Lainsecq, Route H144 : le tronçon Rennaz-Les Evouettes. In: domobât, Nr. 3/4, S. 6–10.

Ernst W. Haltiner, Une forme de vérité constructive. In: Fassade Façade, Nr. 4, S. 49–53.

2007 Schule Les Pressoirs, Verwaltungsgebäude Lundin, Villa CP, Berghütte Topali. In: Joachim Fischer (Hg.), Architektur neue Schweiz, Verlagshaus Braun, Berlin, S. 141, 146–147, 149, 156.

Topali mountain refuge. In: Joachim Fischer (Hg.), 1000 x European Architecture, Verlagshaus Braun, Berlin, S. 662.

Kay Wettstein, Wohnbox aus Edelstahl. In: Raum und Wohnen, Nr. 3, S. 70–82.

Ezgi Bayraktar, Planchette Okulu. In: Arredamento Mimarlik, Nr. 199, S. 36–39.

Alessandra Valeri, Scansioni con ritmo. In: Ville & casali, Nr. 5, S. 69–74.

N.N., Berghütte Topali. In: Pen with New Attitude, Nr. 207, S. 68.

Villa La Concorde. In: Jean-Marc Lamunière, L'architecture à Genève 1976–2000, inFolio, Gollion, S. 498–499.

2008 Lundin Oil Petroleum Head Office, ‹La Planchette› Primary School, Therapeutic Pool, Private School and Housing, Geneva hospital extension, Bridge over the Rhône, 120 Economical Housing, Technical college. In: Wang Shaoquiang (Hg.), m3 360° modern architecture & interiors, Hong Kong, S. 282–303.

Phillipe Meier, Ecole compacte. In: Idea, Nr. 1, S. 26–27.

Regula Hett-Tobler, Box en metal. In: Maison & ambiances, Nr. 1, S. 36–48.

Philippe Meier, Une sculpture aérienne dans la contrée. In: Idea, Nr. 5, S. 48–50.

Brenda L. Edgar, Ein neuer Mix für Sécheron. In: Werk, Bauen + Wohnen, Nr. 11, S. 62–64.

Brut Peterlin, Technical college. In: Informa, Nr. 16, S. 4–5.

Ezgi Bayraktar, Planchette Okulu. In: Betonart, Nr. 18, S. 48–50.

N.N., Terapi Havuzu. In: Arredamento Mimarlik, Nr. 6, S. 38–42.

Collège de la Planchette. In: AS – Architecture Suisse, Nr. 168, S. 27–30.

N.N., Therapeutic Pool. In: c3, Nr. 287, S. 90–97, 191.

N.N., Modernité Matières. In: Angel des montagnes, Catalogue Spécial Noël.

2009 Laura Ragazzola, Il design sfida neve e ghiaccio. In: Casaviva, Nr. 1, S. 64–69.

Jean-Marc Labise, Un refuge écolo-futuriste. In: ELLE décoration, Sonderausgabe, S. 82–91.

Virginia Rabitsch, Transparent ou opaque? In: Viso, Nr. 03, S. 31–35.

Françoise Ha Vinh, Projection. In: Air France Madame, Nr. 129, S. 137.

Renée Baguette, Exercice d'équilibre. In: Gael Maison, Nr. 08, S. 52–58.

Marco Rossi, Vom Arsenal zur Mediathek. In: Werk, Bauen + Wohnen, Nr. 9, S. 54–57

Myriam Guex-Fabry, Médiathèque dévoilée. In: Bâtir, Nr.11, S. 12–13.

Arzu Erdem, Isviçre Ordusu Için Tasarlamak. In: Arredamento Mimarlik, Nr. 12, S. 57–61.

2010 Philippe Meier, Bauen im Hochgebirge - Neue modulare Methoden. In: Viso, Nr. 1, S. 59–66.

Marianne Kürsteiner, Hétérogénéité uniforme. In: Idea, Nr. 2, S. 42–45.

David Génelard, Le viaduc de tous les superlatifs. In: 24 Heures, 16. März.

2010 Philippe Meier, Il progetto del centro di controllo autostradale di Saint-Maurice. In: Archi, Nr. 4, S. 60–63.

Gian-Marco Jenatsch, Andere Räume. In: Werk, Bauen + Wohnen, Nr. 7–8, S. 56–59.

Antoine Voisard, Une place d'armes en expansion. In: Jura Pluriel, Nr. 58, S. 92–96.

2011 Alberto Alessi, Luca Deon, Christian Dupraz, Alessandro Anselmi, maa at work, meier + associés architectes, inFolio, Gollion (FR), Niggli Verlag – Architektur Gallerie Luzern, Zürich (DE-EN), (Monographie).

2012 N.N., Loyer modéré de qualité. In: Idea, Nr. 3, S. 34–36.

Ramon Pinol, Caroline de Weck, Georges Favre, Une ligne rouge sur le Rhône. In: Tracés, Nr. 09, S. 6–12.

Virginia Rabitsch, Une ‹pétale› de métal et de verre. In: Steeldoc, Nr. 02, S. 4–7.

Yann Burtillon, Une flèche rouge à travers la plaine. In: Béton(s), Nr. 41, S. 28–29.

Jacques Perret, Promenade le long d'une route. In: Tracés, Nr. 19, S. 7–10.

Stephan Cadosch (Hg.), Pont sur le Rhône. In: A voir – Petit guide d'architecture romande 2011–2012 (SIA Vaud), S. 90–91.

2013 Vivian Lai (Hg.), 80-bed retirement home. In: International Apartments for the Elderly, Hi-Design publishing, Dalian, S. 238–247, 335.

N. N., Il Palazzo del Cinema di Locarno. In: hochparterre.wettbewerbe, Nr. 1, S. 74.

Piscine thérapeutique. In: AS – Architecture Suisse, Nr. 190, S. 35–36.

N. N., Ecole Secondaire de Copet. In: hochparterre.wettbewerbe, Nr. 2, S. 78–79.

Alberto Caruso, La politica residenziale di Ginevra per i prossimi vent'anni. In: Archi, Nr. 3, S. 47–53.

N. N., Requalification du site et création d'un bâtiment de service, château de Chillon. In: hochparterre.wettbewerbe, Nr. 3, S. 81, 88–89.

2014 Bruno Marchand, Dis Odalar. In: Ciftedegerligi. In: Betonart, Nr. 10, S. 88–91.

Ramon Pinol, Philippe Meier, Ana-Inès Pepermans, Viaduc sur le Rhône. In: Construction en béton en Suisse, fib-CH, Lausanne, S. 124–129.

Urs Prima, Immeuble de logements pour personnes en formation, Meyrin. In: hochparterre.wettbewerbe, Nr. 1, S. 25–37.

Marianne Kürsteiner, Centre multifonctionnel. In: Idea, Nr. 1, S. 54–56.

Roderick Hönig (Hg.), 01 Alters- und Pflegeheim St. Michael, Naters. In: Grundrissfibel: Alterszentren, Hochparterre, ZürichS. 40–41.

2015 120 logements sociaux, Villa CP, Villa A, Immeuble d'angle, Restauration de l'immeuble ‹Miremont-le-Crêt›. In: Jean-Marc Lamunière, Philippe Meier, L'architecture à Genève XXIe siècle, inFolio, Gollion, S. 94–95, 108–109, 118–119, 124–125, 236–237.

2016 Giulia Marino, Kampf um Millimeter. In: Werk, Bauen + Wohnen, Nr. 1/2, S. 36–41.

Pauline Rappaz, Réhabilitation de places d'armes. In: Tracés, Nr. 02, S. 22–23.

Martin Jaques, Espaces de pureté et de sérénité. In: Idea, Nr. 5, S. 32–36.

Philippe Meier, A bord du vaisseau amiral. In: Tribune de Genève, 26.–27. März, S. 8.

Estelle Lépine, Altitude: Architecture et environnement de haute montagne, Diss. EPFL, Lausanne, Nr. 7089, S. 144, 361–363, 451–452, 470, 473, 637–646.

Françoise Beeler, La nanotechnologie est-elle soluble dans le patrimoine? In: Restaurieren, konservieren, präsentieren 2012–2015, Bundesamt für Kultur, Bern, S. 24–27.

Philippe Meier, Miremont-le-Crêt, une modernité intacte. In: Tribune de Genève, 22.–23. Oktober, S. 10.

2017 Martin Zettel, Sac-Hütte, Topalihütte. In: Sac-Hütten-Architektur, Werd & Weber, Thun, S. 97–108.

Marianne Kürsteiner, meier + associés – un bureau d'architectes polyvalents. In: Idea, Nr. 1, S. 9–13.

Marianne Kürsteiner, Une intégration contemporaine. In: Idea, Nr. 1, S. 13–15.

Massimo Simone, Je sème à tout vent. In: Chantier & Rénovation, Nr. 2, S. 9–17.

N. N., Nouveau bâtiment des Sciences de la vie. In: hochparterre.wettbewerbe, Nr. 2, S. 52, 64–65.

Marc Frochaux, L'arsenal culturel: la Médiathèque Valais, Sion. In: Tracés, Nr. 09, S. 16–20.

	2017	Marc Frochaux, Une réflexion sur le patrimoine: le concours pour une médiathèque de Sion. In: Tracés archi, Sonderausgabe, S. 14–16.
	2018	Médiathèque et archives cantonales du Valais. In: AS – Architecture Suisse, Nr. 209, S. 31–32.
		Bruno Angiolini, L'architecture avec un grand T. In: Bilan, supplément immoluxe, Nr. 28, S. 10.
		N. N., Rubik. In: hochparterre.wettbewerbe, Nr. 3, S. 32–41.
		Marianne Kürsteiner, Le prolongement artificiel d'un monde végétal. In: Idea, Nr. 5, S. 18–20.
		Viviane Scaramiglia, Une école étoilée. In: Bâtir, Nr. 5/6, S.38–43.
		Serge Guertchakokk (Hg.), Prix de l'immobilier 2018, catégorie bâtiment public. In: Bilan, Nr. 29, S. 10.
		Fabio Biondini (Hg.), Pont sur le Rhône. In: Le sfide de l'architettura: Ponti e attraversamenti, Corriere della Sera, Abitare, Mailand, S. 96–101.
		Nicole Perrenoud, Intégré dans la campagne genevoise. In: Idea, Nr. 6, S. 48–51.
	2019	Cedric van der Poel, Arrêt sur images. In: Tracés, Nr. 1–2, S. 20–21.
		Laurent Chenu, La restauration d'une icône. In: Idea, Nr. 2, S. 20–24.
		Virginia Rabitsch, Aus einem Guss. In: Schweizer Baudokumentation, Nr. 3, S. 54–61.
		Bettina Guirkinger, Creating impact through knowledge and intuition. In: Inflight Magazin, Nr. 73, S. 114–117.
		N. N., Medya Kütüphanesi ve Valais Kantonu Arşivi. In: Yapi, Nr. 447, S. 92–99.
Medien / Media	2004	Architecture contemporaine et maisons particulières: exemples en Suisse et dans le Doubs. In: Journal des régions, FR3 Bourgogne Franche-Comté, 10. August.
	2011	Bure Military Training Base, Webseite: archdaily.com, 6. Juli.
		Corner Building, Webseite: archdaily.com, 10. Juli.
		Therapeutic Pool, Webseite: archdaily.com, 25. Juli.
		Retirement Home, Webseite: archdaily.com, 5. August.
	2013	Palazzo del Cinema di Locarno, Webseite: divisare.com, 24. Januar.
		120 affordable appartments, Webseite: archdaily.com, 25. Februar.
		Motorway Control Centre, Webseite: archdaily.com, 30. April.
		Philippe Meier, AR'87, Webseite: epfl.ch, 31. Mai.
	2014	Bridge Over the Rhône, Webseite: archdaily.com, 24. Juli.
		Transformation des arsenaux de Sion: première étape terminée, Webseite: espazium.ch, 13. August.
		Etude d'avocats, transformation, Genève, Webseite: homify.fr, 21. Oktober.
	2015	Logements route de Meyrin, Restauration de l'immeuble Miremont-Le-Crêt, Webseite: GVArchi.ch, 12. November.
	2016	Lausanne University Hospital Extension, Webseite: archdaily.com, 28. Januar.
		Lausanne University Hospital Restaurant Extension, Webseite: archdaily.com, 30. Januar.
	2017	Un architecte transforme d'anciens arsenaux militaires en pôle culturel majeur, Couleurs locales, RTS, 10. November.
	2018	Raymond Uldry Business School, Webseite: archdaily.com, 1. Juni.
		Apartment Building in the Countryside, Webseite: archdaily.com, 23. November.
		Media Library and Cantonal Archives of Valais, Webseite: archdaily.com, 17. Dezember.
	2019	Erweiterung der Fachhochschule für Gesundheit (HEdS) in Genf , Webseite competitiononline.com, 11. März.
		Pavillon du lac, école du Chaucey, ‹Chambres extérieures›, cabane Topali, villa à Corsier, collège du cifom, collège ‹les Pressoirs›, Webseite: attention.ch, März.
	2019	20 Jahre Hüttenbau im SAC eine Bilanz, Webseite: sac-cas.ch, 28 März.
		Seismic school ‹Les Perraires›, Webseite: archdaily.com, 28. April.
		Seismic school ‹Les Perraires›, Webseite: archello.com, 30. April.
		Raymond Uldry business school, Webseite: archello.com, 11. Juni.
		Stanley Collyer, The renovation of a city landmark, Webseite: competitions.org, 13. Juni.
		École de commerce ‹Raymond-Uldry›, Webseite: GVArchi.ch, 16. September.

Ausstellungen / Exhibitions

1997		«...impressions d'espace», Centre d'art en l'Ile, Genf (07.08.–05.09.) (mit Thierry Reverdin, Modellbauer, künstlerische Installation: mag)
1999		«Matière-paysage-projet», Ecole d'architecture de Strasbourg (11.–29.10.)
2001		«Matière et paysage», Ecole d'ingénieurs de Genève (15.–30.06.)
	1	«Material und Landschaft», Architekturfoyer, ETH Hönggerberg, Zürich (06.04.–23.05.)
2003		«Journées de la maison contemporaine», Centre d'art en l'Ile, Genf (06.–15.06.)
2005		«rendez-vous...13012005», Forum d'architectures Lausanne (13.–30.01.) (mit Xaveer de Geyter, Architekt)
2007		«Transchablaisienne – projeter ensemble», EPFL-ENAC, Lausanne (10.–26.01.)
2009	2	«carte blanche n°7», Forum d'architectures Lausanne (22.04.–24.05.) (mit Daniel Schlaepfer, Künstler)
2011		«maa at work», Hepia, Genf (07.–20.04.)
		«maa at work», Architekturgalerie Luzern (09.–25.06.)
2012	3	«maa at work», Ecole d'ingénieurs et d'architectes de Fribourg (13.–27.06.)
2013		«maa at work», LOCI, Brüssel, Belgien (19.02.–21.03.)
2014		«Cities connection Geneva Barcelona», Arts Santa Mònica, Barcelona (13.–24.11.)
2015		«Cities connection Geneva Barcelona», Demarcacio, Taragona (29.10.–23.12.)
		«2000 mètres au dessus du quotidien», Hepia, Genf (19.09.–13.11.)
		«Cities connection Geneva Barcelona», Pavillon Sicli, Genf (05.–22.02.)
2017		«Cities connection Geneva Barcelona», Institut i2a, Lugano (24.02.–28.03.)

1

2

3

Dank

meier + associés danken Heinz und Antonia Wirz für ihr Engagement insbesondere im Bereich des Architekturverlagswesens, Thomas Lang, Mustaf Nuri und Merlin Rosenberg für ihre Mitarbeit an diesem Buch, sowie Renato Salvi, Caspar Schärer und Christoph Wieser für ihre theoretischen Textbeiträge. Philippe Meier dankt besonders Marcellin Barthassat, Pierre Cagna, Claude Daetwyler, Bruno Marchand, Joëlle Rast und Serge Stalder für ihre wertvolle Hilfestellung bei der Redaktion seines Textes.

Alle auf diesen Seiten vorgestellten Projekte und Realisationen hätten ohne den konsequenten und leidenschaftlichen Einsatz der Mitarbeiter – gleich ob sie im aktuellen Tagesgeschäft noch aktiv sind oder ob sie ehemals dazugehörten – und auch ohne die Auftragserteilung und das Vertrauen der Kunden niemals das Licht der Welt erblickt. Ihnen wie auch den beteiligten Architekten, Ingenieuren und Spezialisten sei hier herzlich gedankt.

Acknowledgments

meier + associés wish to thank Heinz and Antonia Wirz for their support, especially in the field of architectural publishing, Thomas Lang, Mustaf Nuri and Merlin Rosenberg for their collaboration on this book, as well as Renato Salvi, Caspar Schärer and Christoph Wieser for their theoretical articles. Philippe Meier especially thanks Marcellin Barthassat, Pierre Cagna, Claude Daetwyler, Bruno March and, Joëlle Rast and Serge Stalder for their valuable help in editing his text.

None of the projects and constructed buildings presented in this book would have seen the light of day without the consistent, passionate work by the office's employees – regardless whether they are still involved in current daily operations or have belonged to the team in the past. The same applies to our customers' contracts and trust. Our heartfelt thanks go to them, including the participating architects, engineers and specialists.

Finanzielle und ideelle Unterstützung/
Financial and conceptual support

Ein besonderer Dank gilt den Institutionen und Sponsorfirmen, deren finanzielle Unterstützungen wesentlich zum Entstehen dieser Buchreihe beitragen. Ihr kulturelles Engagement ermöglicht ein fruchtbares und freundschaftliches Zusammenwirken von Baukultur und Bauwirtschaft.

prohelvetia

REPUBLIQUE ET CANTON DE GENEVE

canton de vaud

Schweizerische Eidgenossenschaft
Confédération suisse
Confederazione Svizzera
Confederaziun svizra
Eidgenössisches Departement des Innern EDI
Bundesamt für Kultur BAK

Le Canton du Valais encourage la culture
Der Kanton Wallis fördert Kultur

AVEC LE SOUTIEN DE LA VILLE DE GENÈVE

AAB - J. Stryjenski & H. Monti SA, Carouge

Bitz + Savoye SA, Sion

Mardeco SA, Crassier

ab ingénieurs sa, Chêne-Bougeries (GE)

Entreprise Louis Genève SA, Le Lignon

SB technique SBt sa, Genève

Abvent SA, Estavayer-le-Lac

Geneux Dancet SA, Meyrin

Sottas SA Constructions métalliques, Bulle

BCS SA, Neuchâtel

Héliographie Girard, Genève

srg / eng. Schumacher & CHIngS Ingénieurs SA, Genève

Bertolit SA, Carouge

INGENI SA

srg / engineering – Ingénieurs-Conseils Scherler SA, Le Mont-sur-Lausanne

BG Ingénieurs Conseils SA, Vernier

Kurmann Cretton Ingénieurs SA, Monthey

Arteco SA, Chexbres
Lambda SA, Sion
GEOSAT SA, Sion

Muttoni & Fernández Ingénieurs Conseils SA , Ecublens
structurame sàrl, Genève

Quart Verlag Luzern / Quart Publishers Lucerne

De aedibus – Zeitgenössische Architekten und ihre Bauten / Contemporary architects and their buildings

78 meier + associés architectes (de/en und de/fr)
77 Lin Robbe Seiler (de/en und de/fr)
76 Meier Leder (de/en)
75 Butikofer de Oliveira Vernay (de/en)
74 Elisabeth & Martin Boesch (de/en)
73 spaceshop Architekten (de/en)
72 Kast Kaeppeli (de/en)
71 Philippe Meyer (de/en, fr)
70 bartbuchhofer (de/en)
69 Hauenstein La Roche Schedler (de/en)
68 Graeme Mann & Patricia Capua Mann (de/en)
67 Esposito Javet (de/en und de/fr)
66 Galletti Matter (de/en und de/fr)
65 Fruehauf, Henry & Viladoms (de/en)
64 Jakob Steib (de/en)
63 bunq (de/en)
62 Jean-Paul Jaccaud (de/en und de/fr)
61 huggenbergerfries (de/en)
60 Berrel Berrel Kräutler (de/en)
59 Pierre-Alain Dupraz (de/en und de/fr)
58 Cometti Truffer (de/en)
57 Joos & Mathys (de/en)
56 Lacroix Chessex (de/en)
55 Savioz Fabrizzi (de/en und de/fr)
54 Boegli Kramp (de/en)
53 Zita Cotti (de/en)
52 Oestreich + Schmid (de/en)
51 Stump & Schibli Architekten (de/en)
50 Luca Gazzaniga (de/en)
49 Guignard & Saner (de/en)
48 Morger + Dettli (de/en)
47 Charles Pictet (de/en)
46 Armando Ruinelli + Partner (de/en/it)
45 Luca Selva Architekten (de/en)
44 Luca Deon (de/en)
43 2b (de/en)
42 Durisch + Nolli (de/en)
41 sabarchitekten (de/en)
40 Beat Rothen (de/en)
39 Atelier Bonnet (de/en)
38 Novaron (de/en)
37 Althammer Hochuli (de/en)
36 Schneider & Schneider (de/en)
35 Frei & Ehrensperger (de und en)
34 Liechti Graf Zumsteg (de/en)
33 Adrian Streich (de/en)
32 Daniele Marques (de/en)
31 Neff Neumann (de/en)
30 Giraudi Wettstein (de/en)
29 Steinmann & Schmid (de/en)
28 Matthias Ackermann (de/en)
27 Aeby & Perneger (de/en)
26 Bakker & Blanc (de/en)
25 Markus Wespi Jérôme de Meuron (de/en)
24 Bauart (de/en und de/fr)
23 Knapkiewicz & Fickert (de/en)
22 Marcel Ferrier (de/en)
21 Wild Bär Architekten (de/en)
20 Enzmann + Fischer (de/en)
19 Mierta und Kurt Lazzarini (de/en)
18 Rolf Mühlethaler (de/en)
17 Pablo Horváth (de/en)
16 Brauen + Wälchli (de/en)
15 E2A Eckert Eckert Architekten (de/en)
14 Lussi + Halter (de/en)
13 Philipp Brühwiler (de/en)
12 Scheitlin – Syfrig + Partner (de/en)
11 Vittorio Magnago Lampugnani (de/en)
10 Bonnard Woeffray (de/en und de/fr)
9 Graber Pulver (de/en)
8 Burkhalter Sumi / Makiol Wiederkehr (de/en)
7 Gigon/Guyer (de und en)
6 Andrea Bassi (de, fr und en)
5 Dieter Jüngling und Andreas Hagmann (de und en)
4 Beat Consoni (de und en)
3 Max Bosshard & Christoph Luchsinger (de)
2 Miroslav Šik (de, en und it)
1 Valentin Bearth & Andrea Deplazes (de, en und it)

Quart Verlag GmbH, Heinz Wirz; Verlag für Architektur und Kunst
Denkmalstrasse 2, CH-6006 Luzern; books@quart.ch, www.quart.ch